Ines Witte-Henriksen

Einweihung in die türkise Flamme von ATLANTIS

Bitte fordern Sie unser kostenloses Verlagsverzeichnis an:

Smaragd Verlag
In der Steubach 1
57614 Woldert (Ww.)
Tel.: 02684.978808
Fax: 02684.978805
E-Mail: info@smaragd-verlag.de
www.smaragd-verlag.de

Oder besuchen Sie uns im Internet unter der obigen Adresse.

© Smaragd Verlag, 57614 Woldert (Ww.)
Deutsche Erstausgabe Juni 2004
Zweite Auflage März 2006
Cover: preData
Umschlaggestaltung: preData
Satz: Heuchemer, Smaragd Verlag
Printed in Czech Republic
ISBN 3-934254-74-8

Ines Witte-Henriksen

Einweihung in die türkise Flamme von ATLANTIS

Smaragd Verlag

*Ich widme dieses Buch meinen Lesern.
Durch euer reges Interesse darf ich das tun,
was mir das Liebste ist:
Das Schreiben.*

Mein Dank gilt meiner Lektorin Mara Ordemann, deren Liebe zum Ganzen ebenfalls in dieses Buch mit einfließt. Sie ist die große Mutter, die es möglich macht, dass dieses „Atlantis - Kind" in die Welt hinausgeht.
Und ich danke den atlantischen Katzen, die hier auf der Erde mit uns leben, allen voran Emma, Jeannie und Happy, die jetzt aus den geistigen Reichen wirkt, um das Christuslicht auf Erden zu verstärken.

Inhalt

Amai – Gebet zur Selbstliebe 8
Zum Geleit (mit einer Botschaft der Atlanter) 9
Die türkise Flamme 16
Einweihung in die türkise atlantische Energie 17
Der atlantische Name 20
Einweihung in deinen atlantischen Namen 22
Türkis führt in die Tiefe 26
Den eigenen Gefühlen freundschaftlich begegnen
(mit Channeling Amai) 32
Channeling Serapis Bey 36
Channeling der Atlanter 39
Botschaft des atlantischen Priesters Salomon 41
Die Energie von Salomon 43
Ein Beispiel aus dem Alltag 45
Der göttliche Kern braucht Pflege 47
Erfahrungsbericht 50
- Die atlantische Katze Jeannie
  als Botin des Lichts 50
Channeling Amai: Die Selbstliebe im Türkis 53
Lady Nada: Übung zur Selbstliebe 56
Karmischer Einblick 59
Channeling Amai: Die Menschen in Atlantis 63
Der Delfin und die Perle 66
Meditation: Die Reise zum Oriongitter 70
Channeling Amai: Die Zeit der Neuen Energie 73

Gebete aus der türkisen Quelle 75
- Einschwingen des Herzens 75
- Halt in mir 76
- In der Beziehung 77
- Für die Tiere 78
- Gesang des Herzens 79
- Herzenskommunikation 80
- Seelenpartner 81

Channeling Amai: Die Sorge um die Körper 82
Channeling Amai: Energieübung zur Entfernung
der Sorge aus dem Energiesystem/
der Einheit Leben: Mensch 84
Ein Beispiel 87
Was will ich erfahren? 89
Energieübung mit Hilarion 91
Meditation: Baumfreund mit Hilarion 93
Das Innere Kind als Meisterschlüssel zur Heilung 96
Heilungserfahrung mit Hilarion 99
Meditation: Edelsteinkammer 104
Vision einer Gemeinschaft 107
Gebete an den Einen 111
- Gebet für Stärke 111
- Gebet für Zuversicht 112
- Gebet für Glauben 113
- Gebet für Heilung 114
- Gebet der Vollkommenheit 115
- Gebet für Urvertrauen nach
  erlebtem Missbrauch 116

Channeling Amai: Einstimmung in die Energie der
wahren Beziehung 118
Fragen und Antworten 120
Die Schätze im Türkis 132
In der Verbindung mit der Quelle des Einen 137
Über die Autorin 140

Gebet zur Selbstliebe

Ich liebe meinen inneren Wesenskern,
er bleibt von allem unberührt.
Ich liebe meinen inneren Wesenskern,
der Sanftmut ist und Stärke.
Ich liebe meinen inneren Wesenskern,
sein Ursprung ist in Gott zu finden.
Ich liebe meinen inneren Wesenskern
und richte mein Augenmerk
einzig und allein auf diese Liebe aus.
Diese Liebe ist Gottes Liebe, sie ist die Quelle,
aus der ich die Kraft schöpfe,
meinen Auftrag hier auf Erden zu erfüllen.
Für diese Liebe danke ich Dir,
Vater – Mutter – Gott.
Ich liebe meinen inneren Wesenskern,
der reinste Liebe ist.
Amen

Amai

Zum Geleit

Kurz nachdem mein Buch über die violette Flamme fertig war, rief sich bei mir Amai in Erinnerung. Mit Amai hatte ich zum ersten Mal im Januar 1999 Kontakt. Damals gab sie mir das „Gebet zur Selbstliebe" durch. Diese Begegnung speicherte ich unter der Rubrik „netter Zufallskontakt" ab. Ich hob das Gebet auf und vergaß Amai wieder. Zwischendurch tauchte immer mal wieder die Erinnerung an Amai auf.

Dann erschien mir auf einem Spaziergang im Januar 2003 die türkise Flamme. Kurze Zeit später meldete sich Amai erneut und gab sich als *Engel der Selbstliebe im Türkis* zu erkennen. Kreise begannen sich zu schließen. Beide Themen, die Selbstliebe und die Farbenergie Türkis, haben mich ohnehin viel in meinem Leben beschäftigt, und es erschien mir als ein spannendes Abenteuer, nun durch Amai mehr über die Verbindung dieser beiden Themen zu erfahren.

Die Selbstliebe hatte ich bisher noch nie mit dem türkisfarbenen Strahl in Verbindung gebracht. Sie war für mich bisher ein rosa Thema, denn Rosa ist die Farbe der bedingungslosen Liebe. Türkis steht für Atlantis und für die Delfine mit ihrer Fähigkeit, von Herz zu Herz zu kommunizieren, mit ihrer Fähigkeit, sich den Tiefen des Ozeans anzuvertrauen und mit den Wellen zu reiten, so, wie sie kommen und gehen. So, wie auch der Atem kommt und geht. Türkis lässt die Lungen weit werden, damit wir möglichst viel von der wertvollen Lebensenergie aufnehmen, dem *Chi* oder *Prana*, und Kraft sammeln, um mit den Wellen unseres Lebens zu reiten. Sich gegen diese Wellen, die ja ohnehin kommen und gehen, zu wehren, erzeugt einen Stau in unserem Energiesystem. So bringt Türkis unserer Leben wieder in Fluss, und vor allem unsere Gefühle.

Nimm dir ein Delfinbild vor und lass dich vom Anblick dieses vollkommenen Wesens berühren. Von seinen Augen, die dich in die Tiefe seiner Seele blicken lassen, von seiner Ästhetik und Dynamik, von seinem Sanftmut und seiner Stärke. Und du wirst die Qualitäten des Türkis erahnen, weil deine Seele diese Erinnerung in sich trägt. Wenn du dieses Buch liest, dann hast auch du etwas mit Atlantis zu tun, mit jener Blütezeit, in die dich Amai führen will. Und es ist die Aufgestiegene Meistern Lady Nada, die die Schwingungen der Selbstliebe beim Lesen verstärkt, denn die Selbstliebe ist so ein großes Thema, dass man es auf unterschiedliche Weise beleuchten kann. Amai gibt eine ganz neue Betrachtungsweise der Selbstliebe, und das wird all jenen Menschen besonders helfen, die sich bereit erklärt haben, mit Gruppen, das heißt mit vielen Menschen gleichzeitig, zu arbeiten. Sie führt Türkis in eine innere Stärke und gibt ihnen die Fähigkeit zurück, sich in einer natürlichen Weise abgrenzen zu können.

"Amai hat eine eigene Weise über die Dinge zu sprechen, und so möchte ich, Lady Nada, gerne einige Worte zum Verständnis beitragen:

Amai ist eine Energie, hinter der sich viele Atlanter verbergen, die diesen Weg gewählt haben, um mit dem Leser und der Leserin kommunizieren zu können. Amai öffnet die Herzen für die türkise Energie aus Atlantis, damit du, geliebter Leser, und du, geliebte Leserin, in Kontakt mit deiner atlantischen Quelle kommen kannst. Deshalb ist es wichtig, dieses Buch weit zu lesen, und es nicht auf diese eine Engelenergie zu begrenzen. Gelange in Kontakt mit deinen atlantischen Freunden, mit deinem atlantischen Team, das dich auf deinem Lebensweg unterstützen möchte. Dafür steht Amai, denn über Amai ist es uns möglich, viele Menschen gleichzeitig mit ihrem atlantischen Potenzial rückzuverbinden."

In Liebe

Lady Nada

Ich bin dankbar für die Worte Lady Nadas, denn als ich mit dem Schreiben begann, meldeten sich plötzlich viele Atlanter bei mir. Ich hatte auf einmal das Gefühl, Amai nicht mehr klar wahrnehmen zu können. Ständig änderte sich ihr Gesicht und ich hörte mit dem Schreiben auf, um über diese aufgetauchte Problematik mit meinem Geistführer Hilarion zu sprechen. Er erklärte mir, was Nada eben bestätigte. Nämlich, dass sich hinter Amai viele Atlanter verbergen, die „durchkommen" wollen. Ich musste ihnen – in meinem Fall – ganz klar mitteilen, dass ich mich für Amai entschieden habe. Schon zwei Tage später konnte ich wieder schreiben.

Und jetzt, während ich diese Zeilen formuliere, sehe ich Amai ganz klar und deutlich vor mir in ihrem türkis-silbrig glänzenden Gewand und ihren sternenklaren dunklen Augen, die die Tiefe eines Delfins haben. Und dahinter sehe ich die Atlanter, die darauf warten, dich jetzt begrüßen zu können.

Botschaft der Atlanter

„Geliebter Mensch, der du dich jetzt rückerinnern willst an dein atlantisches Potenzial, wir grüßen dich. Wir sind die Atlanter, die schon immer mit dem Licht gearbeitet haben, und du wirst nun den Strom einer immensen, hellen Lichtenergie fühlen, die dich durchflutet. Diese Lichtenergie wird dich reinigen, läutern, damit du dich besser auf die atlantische Energie einschwingen kannst. Amais Energie ist sehr sanft, und wir haben uns bereit erklärt, ihre Energie zu intensivieren und sie auf jeden einzelnen Leser abzustimmen. Wir sprechen von **Leser** und meinen **Laser,** denn ihr seid die Laser, die dieses Licht zur Erde tragen. Ihr könnt dieses Licht gezielt nutzen:

Visualisiere dazu einen weißen Lichtstrahl, der aus der göttlichen Quelle kommt und lenke ihn an den Ort, wo er auftreffen soll. Nutze dazu den Zeigefinger und visualisiere, wie dieser göttliche, klare Lichtstrahl aus dem Zeigefinger ausströmt. Wende diesen Lichtstrahl an, wann immer du den Impuls dazu verspürst. Wenn deine Absicht rein ist, kannst du damit niemandem schaden.

Es geht in dieser atlantischen Arbeit um das Gemeinwohl, die Gemeinschaft der Lichtbringer, die das Licht zur Erde tragen, um es hier zu manifestieren und zu verstärken. So werden sich in diesem Buch Techniken finden, die diese Absicht verstärken. Das ist eine große Hilfe auf dem Weg, und Amai wird euch helfen, das Menschsein zu er-

leichtern. Wir kommen jetzt, in dieser Zeit und genau zur richtigen Zeit, denn die Erde befindet sich in der Not, unter der Last der Schwere der Menschheit zusammenzubrechen. Wir brauchen euer Licht, um die Vision der Freude in Partnerschaft mit Mutter Erde umsetzen zu können, denn Wachstum soll in Freude geschehen.

Da ist wieder die Vision von einer intakten Gemeinschaft, in der sich die Mitglieder wohlgesonnen sind, hat doch der Mensch noch immer nicht begriffen, dass er sich selbst zerstört, wenn er anderen schadet. Um diese Botschaft des Lichts zur Erde zu bringen, nutzen wir euch als Laserstrahlen, wenn ihr es wollt. Das macht uns Freude, das macht euch Freude, und es führt dazu, Mutter Erde ihr Schicksal zu erleichtern. Denn die Gemeinschaft funktioniert nur, wenn wir in der Liebe sind mit dem Planeten, den wir bewohnen dürfen. Möge das den Menschen als Erkenntnis in ihre Herzen sinken, damit endlich, endlich, die Saat der Liebe aufgehen kann."

Dieses Buch begleitet dich in die Tiefen deines inneren Wesens, wo du dir selbst begegnest. Es möchte dir helfen, jene Ängste aufzulösen, die noch zwischen dir und deiner inneren Weisheit stehen und die vielleicht bis heute verhindert haben, diese innere Segensquelle im Alltag als weisen Ratgeber zu nutzen. So führt dich Türkis zu deiner weisen Freundin, deiner inneren Stimme.

Schließe für einen Moment die Augen und bitte dein Höheres Selbst, dir ein Symbol für die innere Stimme zu schicken. Vertraue der Weisheit, die in dir ist. Vertraue dir, deiner Wahrnehmung. Nun nimm Kontakt auf zu diesem Symbol. Kommuniziere mit ihm. Dieses Symbol wird dein weiser Begleiter auf der Reise zu dir selbst sein. Doch nichts steht fest. So kann sich auch dieses Symbol im Laufe deiner Reise verändern. Die Tore zu deinem Innenreich stehen weit offen. Sieh die türkise Flamme, wie sie den Weg dorthin frei brennt, spüre, wie sie deinen Mut stärkt, dort dir selbst zu begegnen. Dann bedanke dich bei deinem Höheren Selbst. Es ist jederzeit bereit, dir zu helfen. Eine Flut von goldenem Licht ergießt sich in deinem Inneren. Die Quelle der Weisheit sprudelt und bringt tiefe Wahrheiten hervor. Wahrheiten, die lange verschüttet waren. Nun öffne deine Augen wieder und nimm die Botschaften deiner inneren Stimme mit in den Alltag hinein.

Wende dich im Laufe des Tages immer wieder einmal nach innen. Die Verbindung zur inneren Weisheit braucht Pflege durch aufmerksame Hinwendung.

In Liebe

Ines Witte-Henriksen

Ich bin verbunden mit meiner weisen Freundin – meiner inneren Stimme!

Die türkise Flamme

Die Engelwesenheit Amai beseelt die türkise Flamme. Sie ist verbunden mit der Blütezeit von Atlantis, in der altes Potenzial zum Wohle der Gemeinschaft gedieh. Alle lebten im Einklang miteinander: Menschen, Pflanzen, Tiere und feinstoffliche Wesen unterstützten sich gegenseitig und begrüßten den göttlichen Funken in jedem Wesen. Überall lagen Türkise, um die Kommunikation zwischen den unterschiedlichen Welten zu fördern und vor allem zu halten, denn ein erreichtes Ziel zu halten war für die Atlanter sehr schwierig. Sie wollten immer weiter, immer mehr und gaben sich mit ihren Zielen nicht zufrieden. Ein erreichtes Ziel verursachte schnell Langeweile. Und der Atlanter trieb dahin, bis sich ihm ein neues Ziel offenbarte. Ein Ziel zu finden, glich immer einer Offenbarung, und der Atlanter konnte sich königlich darüber freuen, ein neues Ziel gefunden zu haben. Tauchten Schwierigkeiten auf, gab der Atlanter sein Ziel auf keinen Fall auf. Er wusste, dass es sich hierbei um Prüfungen handelte. Diese zu meistern, sah er als göttliche Herausforderung an. Dadurch wuchs sein Vertrauen in Gott, das er ohnehin hatte. Doch in die Blütezeit war er gekommen, um dieses Vertrauen zu mehren und selbst zu einer vertrauensspendenden Quelle für andere zu werden.

Sei gesegnet von Amai. Lass dich von ihr einweihen in die atlantische Energie, die dich zurückführt zu dieser Quelle, zurück zu der Erinnerung, als du diese vertrauensspendende Quelle selbst warst.

Einweihung in die türkise atlantische Energie

Setze dich bequem hin, aufrecht und mit geradem Rücken, die Beine über Kreuz im Schneidersitz. Vor dir sitzt die Engelwesenheit Amai in ihrem türkisfarbenen Gewand, das mit Silberglitzern durchwoben ist. Sie ist zart und reich mit Blüten übersät, die sich überall in ihrer Aura befinden. Kelchartige Blüten, Lilien gleich, in allen Farben und Formen, die den göttlichen Trunk der atlantischen Blütezeit in sich bergen, um ihn jetzt an dich, geliebtes Wesen, Atlanter, weiterzugeben. Nimm jetzt diesen Trunk auf. Erinnere dich an deine Blüten in deiner Aura, öffne sie und nimm den Trunk aus den Kelchen von Amai jetzt in dein Energiesystem auf. Du bist trunken – jetzt! Dieser Nektar fließt in alle Poren deines Energiesystems, fließt ein und erfüllt dein Gefäß – und es öffnet sich der Raum der Erinnerung an Atlantis.

Amai berührt dich und führt dich zu einer türkisen Quelle. Sie berührt dich und lässt einfließen die türkise, atlantische Energie in dein Kronenchakra.

Pause.

Dann in dein Halschakra im Bereich des siebten Halswirbels.

Pause.

Dann in dein Herzchakra.

Pause.

Dann in beide Knie.

Pause.

Dann in beide Füße (Erdung).

Pause.

Dann vom Steißbein bis zum siebten Halswirbel die Wirbelsäule entlang.

Pause.

Am Ende überschüttet Amai dich mit Blütenblättern, einer Fülle aus der atlantischen Blütezeit, in der das Leben in Fülle dauerhafter Glückszustand war. Dieser Glückszustand stimulierte einst das Hormonsystem zu immer höheren Leistungen. Und dazu war es gerne bereit, denn es stellte sich in deinen Dienst. Das Instrument Körper stellt sich jetzt in deinen göttlichen Dienst.

Pause.

Türkis durchflutet dich, Türkis belebt dich, Türkis befreit dich aus dem Gefängnis der Illusion, getrennt von dieser Erinnerung an Atlantis zu leben. Du bist jetzt in Atlantis. Atlantis ist hier – in dir. Blütezeit will wieder sein – jetzt in dieser Zeit. Genieße es, im Türkis zu sein, umhüllt von den Blüten der atlantischen Blütezeit.

In tiefem Dienst zu dir, Amai, die dich jetzt wieder ins Hier und Jetzt zurückruft. Du bist angekommen in deiner Zeit, in die du nun die Erinnerung mit hinübernimmst. Dein Alltag ist reich. Blütezeit ist jetzt. Ernte, Atlanter, ernte!

Der tägliche Dank für die Blütezeit ist für den Atlanter eine Selbstverständlichkeit. Lebe im Bewusstsein dieses Atlanters, der im Vertrauen zu Gott zu immer neuen Herausforderungen bereit ist, ohne aufzugeben, wissend, dass Prüfungen ein Geschenk Gottes sind.

Nun trinke türkisen Nektar. Nimm ihn auf in deine Kehle, wo er sich zu Worten formt: Worte des Danks an Gottes Schöpfung und an die Blütezeit, die jetzt wieder ist.

Vernetzung beginnt jetzt, denn je mehr Atlanter erwachen, umso stärker wird das Lichtnetz sein. Blütezeit ist jetzt. Das Lichtnetz wird den Planteten Erde in diese Blütezeit erheben. Alles wird blühen und gedeihen, was ihr als Saat in Gottes Erde bringt. So nimm jetzt den göttlichen Samen der Liebe und lege ihn tief in Mutter Erde. Lass dazu einen türkisen Strahl aus deinem Zeigefinger in die Saat einströmen, so dass atlantisches Potenzial auch für Mutter Erde wieder freigeschaltet wird. Durch dich, Atlanter, durch dich geschieht es jetzt. So bekommt auch Mutter Erde ihre Erinnerung zurück.

Lichtvernetzung ist jetzt möglich, und es breitet sich ein türkises Lichtgitter um die Erde, das die Saat schützt. Saat geht auf in seiner Zeit, in der Zeit des einen Gottes, aus dem alles Leben einst geboren wurde und immer neu geboren wird.

In Liebe

Amai

**Ich bin eingebettet in ein wunderschönes
Netz aus Licht!
In diesem Licht bin ich geborgen!**

Der atlantische Name

Als ich von Amai die Einweihung in die türkise Quellenenergie von Atlantis bekam, erfuhr ich von ihr meinen atlantischen Namen. Sie sagte: „Dein atlantischer Name ist Tamara."

Mir war sofort bewusst, dass ich mit diesem Namen ein großes Geschenk erhalten hatte. Dieser Name sollte von jetzt an meine Eintrittskarte zu der türkisen Quelle von Atlantis sein. Ich benutzte den Namen wie ein Code-Wort, mit dem ich mich jederzeit in die atlantische Quellenenergie einklinken konnte. Dieser Name eröffnete mir den Raum für eine neue Kommunikation, die Kommunikation des Herzens, die entsteht, wenn sich das Grün des Herzchakras mit dem Blau des Halschakras zum Türkis vereint.

Tamara war für mich auch die Verbindung zu meinen Freunden, den Delfinen. Von Amai erfuhr ich, dass Tamara in Atlantis die Göttin der Delfine war. Tamara konnte mit den Delfinen kommunizieren. Zusammen mit den Delfinen brachte sie viele Kinder auf die Welt, deren Geburt sie energetisch begleiteten. Gemeinsam sorgten sie dafür, dass die Schwingungsunterschiede der unterschiedlichen Welten ausgeglichen und harmonisiert wurden. So kamen die Kinder auf einer Lichtbahn zur Erde, die aus lauter liegenden Achten bestand. Die liegende Acht ist noch heute als Symbol der Einheit und Unendlichkeit bekannt. So behütet, fielen die Kinder nicht aus einer Einheit heraus, sondern glitten sanft in eine neue Form von Energie hinein. Die Delfine waren dabei die Geburtshelfer, und Tamara hatte die

Aufgabe, das Geburtshelferteam zusammenzustellen und die neuen Eltern auszuwählen. So wurde die Ankunft eines Kindes lange genug vorbereitet, um der Seele Zeit zu lassen, sich an ihr neues Reich zu gewöhnen. Auch heute können wir die Geburt wieder in dieser Form vorbereiten.

Nun will Amai dich in deinen atlantischen Namen einweihen. Du wirst Einblicke in deine atlantische Tätigkeit bekommen. Freue dich auf eine Reise zu deinen türkisen Wurzeln.

Einweihung in deinen atlantischen Namen

Zunächst einmal ist es wichtig, dass du dich fragst, ob du dein volles Liebespotenzial freigeben willst. Wenn deine Herzensantwort Nein lautet, dann dürfen wir diese Übung noch nicht zusammen tun. Dann ist es noch zu früh. Wenn deine Herzensantwort Ja lautet, dann beginnen wir jetzt. [*]

Nimm deinen Meditationsplatz ein. Umhülle dich mit der türkisen Schutzenergie. Führe deine Hände wie Schalen vor dein Herz. Sprich: **ICH GEBE FREI** *, während du langsam deine nach oben geöffneten Hände nach vorne führst, dann die Arme zu den Seiten ausbreitest und anschließend die Hände wieder wie Schalen vor dein Herzchakra zurückführst. Fühle die Freigabe deines vollen Liebespotenzials. Wiederhole dieses Ritual sieben Mal.*
ICH GEBE FREI.

Die türkise Energie der atlantischen Quelle strömt in dein Herz und fließt bei den Worten **ICH GEBE FREI** *über – wie ein türkiser Fluss, dein atlantischer Lebensstrom. Sieh nun, wie sich dieser Lebensstrom mit dem Strom deines jetzigen Lebens vereint. Ein gemeinsamer Strom, potenziert durch die Kraft deiner atlantischen Liebesfähigkeit, zu einem Strom, der sich jetzt in den großen Ozean der Liebe aller atlantischen Lebensströme ergießt. Delfine springen vor deinen Augen, feiern die Ankunft dei-*

---

[*] (Anmerkung der Autorin: Die Arbeit mit Amai kann sehr schön durch den türkisen Pomander von Aura-Soma begleitet werden. Für die Meditationen bietet sich Delfinmusik an, wie zum Beispiel „Dolphin Love" und „Dreamtime Dolphin" von Christa Michell)

ner Liebe im unendlichen Meer des Lebens. Wellen tragen deine Liebe in Windeseile überall dorthin, wo sie jetzt gebraucht wird. Bei jedem Wellenschlag erfüllt Liebe dein Herz, denn Herzensmauern haben jetzt keine Wirkung mehr.

Ein Delfin kommt zu dir geschwommen. Ihr begrüßt euch. Ihr seid alte Bekannte aus atlantischer Zeit, der Zeit, in der Atlantis in voller Blüte stand und die Gemeinschaft noch funktionierte. Der Delfin lädt dich ein, mit ihm in die Tiefe des Ozeans einzutauchen. Auch Amai begleitet dich. Du bist auf dem Weg, deinen atlantischen Namen wiederzufinden.

Pause.

Auf dem Grunde des Ozeans kommt ihr zu einem Lichttempel in Form einer türkisen Pyramide. Ihr schwimmt durch ein Rosentor. Über dem Tempel steht: Namensbibliothek.

Nun lässt dich der Delfin alleine weitergehen. Du hast jetzt festen Boden unter den Füßen. Amai begleitet dich in den Tempel hinein. Dort kommst du zu einem Altar. Auf diesem Altar liegt ein Buch mit der Aufschrift deines atlantischen Namens.

Pause.

Der Name ist in goldenen Buchstaben geschrieben. Du kannst ihn ganz deutlich lesen. Du fühlst die Wahrheit dieses Namens in deinem Herzen, denn nur dein Herz kann durch ihn zum Klingen gebracht werden. Das Lesen deines Namens erhöht die Schwingung deines Herzchakras. Du schwingst dich ein auf eine neue Herzensenergie. Pause.

Dann nimmst du das Buch in deine Hände. Du schlägst es auf und liest über dich: Wer du gewesen bist in der atlantischen Blütezeit, was dein Auftrag war und warum du gerade jetzt wieder inkarniert bist. Was hat das mit Atlantis zu tun? Du findest alle Antworten, die dich betreffen, in diesem Buch.

Nun hast du vorerst genug erfahren. Du weißt jetzt, wo das Buch zu finden ist. Du kannst jederzeit wieder in den Tempel der Namensbibliothek eintauchen. Dein atlantischer Name ist von jetzt an ein wichtiger Schlüssel zu altem Wissen, das dir heute wieder nützlich sein kann.

Während du dich mit deinem Namen beschäftigt hast, hat Amai die Einweihung in seine Energie vorgenommen.

Ihr Auftrag ist jetzt erledigt, und sie begleitet dich wieder aus dem Tempel hinaus. Du durchschreitest wieder das Rosentor. Dein Freund, der Delfin, erwartet dich, und Amai und der Delfin bringen dich wieder sicher an die Wasseroberfläche. Von unten siehst du das Licht der Sonne hindurchschimmern, und als du oben ankommst, umfängt dich die Sonne weich und warm. Und dir wird bewusst: Atlantis ist jetzt!

Es ist wieder möglich, eine Blütezeit zu erleben, in der die Gemeinschaft als Ganzes wächst und in einer Harmonie funktioniert, die eine Selbstverständlichkeit ist. Es ist wieder der achtsame Umgang mit dem einzigartigen Geschenk Gottes: dem Geschenk des Lebens.

Langsam kommst du aus der Tiefe der Meditation zurück. Vielleicht fühlt sich alles ein wenig neu an, vielleicht auch vollkommen vertraut.

Um dich zu erden, tanze ein bisschen. Tanze deinen Namen und seine Wiederentdeckung. Denn all dies hat etwas mit deinem Heute zu tun.

In Liebe

                                                          Amai

Ich gebe meine Liebe frei!

Türkis führt in die Tiefe

Für das Schreiben trafen Amai und ich uns täglich zu einer bestimmten Tageszeit zur Meditation. Meist wartete sie schon und hatte den Raum bereits vorbereitet. Es war, als würde ich ihren Tempel betreten, wenn ich mich an meinen Meditationsplatz begab. Amai umgab etwas Heiliges, so Sanftes und Zartes, dass mich Ehrfurcht ergriff, wenn ich ihr Reich betrat. Dass sie mir dieses Reich eröffnete, ist für mich ein großes Geschenk, denn ich habe meinen Ursprung in dieser türkisen Quelle schon immer gespürt. Amai eröffnete mir eine Welt der Wahrheit, die ich immer gefühlt hatte.

Diese Welt jetzt in mein Leben zu integrieren, bereitete mir zunächst große Schwierigkeiten. Mein Körper reagierte mit starken Rückenschmerzen, da es mir für einige Tage nicht gelang, Himmel und Erde bzw. Atlantis und mein Leben jetzt miteinander zu vereinen. Ich kam mir so getrennt vor, denn in dieser Inkarnation lebe ich nicht allein, nicht als Tamara, die Göttin der Delfine, die hingebungsvoll dienend ihren Auftrag erfüllte und durch nichts aus dem Gefühl der Einheit herausgetragen werden konnte. Sondern ich lebe hier als Ines, die sich für diese Inkarnation einen Haufen Zweifel in ihren Rucksack gepackt hat und durch unzählige Erfahrungen gegangen ist, die ihr Vertrauen in das Leben und vor allem in die Menschen stark erschüttert haben.

Ich, als Mensch Ines, zog mich oft in meine reichen inneren Welten zurück. Von Zeit zu Zeit tauchte ich wieder auf, um meine Erkenntnisse mit anderen zu teilen, – wie ein Delfin, der ins Meer eintaucht, um die goldene Kugel der Weisheit zu finden und sie an die Oberfläche zu bringen, damit sie für jene, die sie sehen wollen, sichtbar und nutzbar wird. Nun strömte diese starke, atlantische Energie in mich hinein und verlangte, in mein Jetzt integriert zu werden. Das war die Aufgabenstellung, die ich zu meistern hatte.

Zunächst versuchte ich, mich von der Außenwelt zurückzuziehen. Dieser Versuch war von vorneherein zum Scheitern verurteilt und mein Körper reagierte mit noch heftigeren Schmerzen. Nach drei Tagen wurde ich in die erlösende Erkenntnis geführt: Ich hatte versucht, das Leben auszusperren. Damit schnitt ich mich selbst vom Lebensfluss ab und mein Körper reagierte darauf. Ich wollte nicht wie ein Mensch reagieren, sondern wie jene Göttin Tamara, von der ich glaubte, dass sie unfehlbar gewesen war. Fühlte ich vielleicht jetzt ihren Schmerz?

An jenem Tag sahen mein Mann und ich einen Film. Darin ging es um einen Mann, der alleine lebte gemäß dem Motto „Ich bin eine Insel." Er fühlte sich nur für sich selbst verantwortlich. Es war ihm egal, welche Eindrücke er hinterließ. Gefühle anderer Menschen interessierten ihn nicht.

Eines Tages öffnete ihm ein Kind Herz und Augen für die Liebe. Es erwärmte sein Herz, und der Mann wurde wieder beziehungsfähig. Er konnte – vielleicht zum ersten Mal in seinem Leben – Glück fühlen und kam zu dem Entschluss, dass er doch lieber in Inselgruppen leben wollte.

Mit der türkisen atlantischen Energie berührte Amai auch bei mir das Thema Beziehung und führte mich noch einmal in schmerzhafte Bereiche hinein. Alte Beziehungen schienen wieder aufzuleben und verlangten eine erneute Überprüfung ihrer Beständigkeit bzw. einen Abschluss. In der Partnerbeziehung brachte uns die türkise Flamme in den ehrlichen Austausch unserer wahren Gefühle. Hier ging die Arbeit mit der türkisen Flamme sehr tief und berührte schmerzlich auch die Verletzungen, die wir bisher gut verborgen gehalten hatten. Über das erneute Gefühl des Schmerzes und die Kommunikation darüber konnte Heilung auf einer tiefen Ebene geschehen, und wieder einmal fand unsere Liebe eine neue Basis.

Ich betone hier sehr bewusst die schmerzhafte Seite der Arbeit mit diesem wundervollen Instrument, um von vorneherein mögliche Illusionen aufzulösen, man könnte die Flamme rufen und alles wäre dann Friede, Freude, Eierkuchen. Zuerst kommt die Wachstumsarbeit, – und dann der Eierkuchen.

Die Anwendung der uns zur Verfügung stehenden geistigen Instrumente setzt ein großes Maß an Eigenverantwortung und Erkenntnisbereitschaft voraus. Die meisten von uns wollen schnell wachsen. Ich kenne viele Menschen, die ihren Erdenzyklus mit dieser Inkarnation zum Abschluss bringen wollen. Die türkise Flamme führt uns in die Tiefe unseres Wesens, ähnlich dem Eintauchen in einen Ozean. An der Oberfläche türkis schimmernd, lässt er nichts von den Tiefen erahnen, die sich darunter verbergen. Die Wunder bzw. Wunden der Tiefe offenbaren sich uns erst dann, wenn wir uns bereits auf dem Weg in die Tiefe befinden.

Und das erfordert zunächst einmal den Mut, sich tief auf sich selbst einzulassen, denn ein Partner, egal in welcher Art von Beziehung man zueinander steht, hält uns den Spiegel vor, in dem wir uns selbst erkennen können. Das gilt auch für einen geistigen Partner.

Amai ließ mich zum Beispiel im türkisen Spiegel ein Muster erkennen, das mich deutlich von wahrer gelebter Beziehung abhielt. Es war das Muster der spirituellen Arroganz, indem ich mir anmaßte, das Leben von außen betrachten zu können, anstatt wirklich im Leben zu sein. Es gab immer noch einen Teil von mir, der sich nicht wirklich auf das Menschsein einlassen wollte. Diese Erkenntnis war zwar schmerzhaft, doch sie brachte Heilung, gepaart mit der wachsenden Fähigkeit, sich noch tiefer in die Mitmenschen einfühlen zu können.

Ich entwickelte im Laufe der Zeit auch mehr Mitgefühl mit mir selbst. Ich lernte, weicher mit mir umzugehen. Dadurch lösten sich Spannungen in meinem Körper auf, die sich aufgrund eines starken Hangs zum Perfektionismus und des daraus resultierenden, von mir selbst erzeugten Drucks gebildet hatten. Ja, der Körper als Spiegel der Seele ist ein wahrer Beziehungspartner. Auch er hält uns unverblümt den Spiegel vor.

Amai zeigte mir, mit welchen Gefühlen ich noch in der Verneinung war. Es gab immer noch Gefühle, die ich als ungute Gefühle ablehnte, menschliche Züge, für die ich mich vor Gott schämte.

Dieser starke Wunsch nach Reinheit ist ein atlantischer Wesenszug, das Streben nach einer Reinheit und Vollkommenheit, die im Menschsein selten zu finden ist, das helle Leuchten reiner Unschuld, einer Perle gleich. Zwar hatte mein Verstand begriffen, dass Licht und Schatten zum Menschsein gehören, doch jetzt ging es nicht um das Verstehen, sondern um das Fühlen. In der Arbeit mit Türkis kam ich an meine ungeweinten Tränen heran. Ich nahm ergänzend das Schüsslersalz Nr. 8, Natrium chloratum, so dass sich tiefer Seelenschmerz lösen konnte.

Ich bin immer wieder aufs Neue darüber verwundert, wie viele Verletzungen zum Vorschein kommen, und dankbar dafür, dass sie sich in der Anwendung dieses geistigen Instruments zeigen, denn der Lohn ist das **tiefe** Fühlen von Freude, Glückseligkeit, Glauben, Vertrauen, – eben all jener positiven Aspekte, die sich unter den Tränen verborgen halten und darauf warten, endlich in ihrer Fülle gelebt zu werden. Amai bringt mit der türkisen Flamme und ihrer Präsenz das Geschenk wahrer Herzensbegegnung.

Indem wir uns intensiv mit unserer Gefühlswelt auseinandersetzen, werden auch unsere engsten Mitmenschen herausgefordert, sich den verändernden Eigenschaften des Flusses anzupassen, vergleichbar einer rasanten Kajakfahrt, in der auch Stromschnellen gemeistert werden wollen. Türkis ist die Farbe des Flusses, der auch gestaute Gefühle ins Fließen bringt

Viel Spaß beim Eintauchen in deine Tiefen!

Den eigenen Gefühlen freundschaftlich begegnen

Türkis öffnet den Raum, um den eigenen Gefühlen freundschaftlich zu begegnen. Zum einen geht es darum, die Gefühle anzuspüren, zum anderen auch um eine Haltung der Neutralität, die es ermöglicht, sich selbst mit Abstand aus verschiedenen Blickrichtungen zu betrachten. Dieser Abstand bewahrt davor, im Meer der Emotionen zu versinken. Die Neutralität entsteht durch eine Ausgewogenheit in der Betonung von Verstand und Gefühl.

Es geht darum, trotz einer möglichen emotionalen Aufgewühltheit die geistige Ruhe zu bewahren, eine Meisterqualität, die gut im Alltag gelernt werden kann. Durch die liebevolle Hinwendung zu sich selbst bekommt alles, was ist, die ihm gebührende Aufmerksamkeit. Dabei tritt der mögliche Wunsch, Liebe von außen bekommen zu wollen, in den Hintergrund. Oft hält die geistige Welt den Raum für die eigenen Prozesse frei. Praktisch kann das so aussehen, dass zum Beispiel tagelang das Telefon schweigt. Die sinnvolle Nutzung der Zeit für das eigene Wachstum und das Gespür für die Energie des richtigen Impulses sind atlantische Qualitäten.

Channeling Amai

*„Begib dich an deinen Meditationsplatz. Wenn du dein Code-Wort schon empfangen hast, nutze es, um dich jetzt mit der atlantischen Quelle zu verbinden. Hast du deinen Namen noch nicht bekommen, so hat das seinen übergeordneten Sinn. Dann bitte mich, Amai, dich mit der türkisen Quelle zu verbinden. Du wirst schon bald Sicherheit darin erlangen, dich selbst in diese hochschwingende Energie zu begeben. Es öffnet sich der türkise Raum, indem du wieder einmal **mir** begegnest – **dir** begegnest – **Gott** begegnest. Genau wie du ein Teil Gottes bist, ist auch die türkise Quelle ein Teil Gottes. Genau wie auch ich ein Aspekt Gottes bin, nämlich der Aspekt der Selbstliebe im Türkis. Ich bin Amai, Engel der Selbstliebe im Türkis, eine weibliche Energie, ein weiblicher Aspekt Gottes. Ich wirke zusammen mit den Aufgestiegenen Meistern Hilarion, Lady Nada und Serapis Bey, um dir auf dem Aufstieg zum Gipfel die Aussöhnung mit deinem Menschsein zu erleichtern. Du weißt, dass wir Engel die Aufgabe haben, dir das Leben so angenehm wie möglich zu gestalten. So arbeitet mit mir zusammen der Erzengel Michael, dessen Name auch für die Kraft Gottes steht. Mit seinem blauen Flammenschwert möchte er dir den Weg bahnen. Rufe ihn, um emotionale Bänder zu durchtrennen, die dir auf der Reise zu deiner türkisen Quelle begegnen. Schwimme dich frei wie ein Delfin, der sich in einem Netz verfangen hatte, aus dem er nun entkommen konnte. Probiere deine Kräfte aus. Stelle sie in den göttlichen alltäglichen Dienst. Habe dabei keine*

Angst vor deinen eigenen Gefühlen, sondern gib ihnen einen Namen, rufe sie an, sie mögen sich endlich zu erkennen geben, damit du nicht länger unter ihnen leidest. Gib ihnen ein Gesicht und schau ihnen ins Gesicht. Du wirst sehen, dass sie dann ihren Schrecken verlieren. Das Geschenk des Hinschauens bzw. Hinspürens ist das tiefere Gefühl einer Sicherheit, in Gott geborgen zu sein.

Begib dich nun in die Tiefe deines Selbst. Bitte den Aufgestiegenen Meister Hilarion, dich auf dem Weg deiner Wahrheit zu begleiten. Auch ich, Amai, bin an deiner Seite, genau wie alle anderen geistigen Freunde, die du noch hinzubitten möchtest. Spüre dich in deinen Solarplexus hinein. Aus den Tiefen dieses Chakras gibt sich jetzt ein Gefühl zu erkennen, und du gibst ihm ein Gesicht. Nun schau in sein Gesicht. Dein Herz sendet die Energiequalität des Mitgefühls in dieses Gefühl. Du empfindest Mitgefühl mit diesem Gefühl. Und dann reinige dieses Gefühl in der türkisen Quelle. Durch die Waschung erkennst du das Potenzial, das sich in diesem Gefühl verbirgt. Es ist möglicherweise ein Gefühl, das sich hinter anderen Gefühlen versteckt hielt und das verbunden ist mit der atlantischen Zeit. Deshalb kann diese Reise auch sehr tief gehen und dich tief berühren.

Rufe Michael. Bitte ihn, die energetischen Bänder zu durchtrennen. Alles stellt sich jetzt in den göttlichen Plan. Nun ist die Kraft Gottes in deinem Energiesystem aktiv. Die Befreiung geht durch alle deine Körper.

Wir danken dir für dein Vertrauen. Amai. Hilarion. Michael.

Dann komme langsam zurück. Spüre deinen Körper. Spüre Mutter Erde unter deinen Füßen. Tanze, wenn du möchtest."

**Ich begegne meinen Gefühlen in Freundschaft.
Im Fluss meines Lebens offenbart sich der
göttliche Plan!**

Channeling Serapis Bey

„Geliebter Lichtfreund, es grüßt dich Serapis Bey. Ich möchte dir jetzt eine Aufstiegstechnik vermitteln, die deine Lichtfrequenz erhöht und dir erlaubt, dich in höhere Energien leichter einzuschwingen.

Visualisiere kraft deines Dritten Auges eine Lichtpyramide, eine Pyramide aus klarem Bergkristall, die in ihrem Licht opalisierend erscheint. Begib dich mit deiner Aufmerksamkeit in das Zentrum der Pyramide, wo die Aufstiegsflamme brennt. Erlaube, dass die Flamme durch deine Chakren tanzt. Sie tritt ein in das Wurzelchakra, brennt dieses frei von störenden Energien und verschafft dir zugleich die Festigkeit, das Licht in seiner hohen Schwingung zu erden. Spüre ein leichtes Vibrieren in deinem Nervensystem. Es ist die Lichterinnerung, es ist das Licht, das in deine Zellen eindringt und die Module verändert. Ein neues Einschwingen auf die Energie des Aufstiegs ist nötig, hast du doch im Alltag so manches Mal deinen Lichtauftrag vergessen, jenen Auftrag, der besagt, an der Schwingungserhöhung der Erde mitzuwirken.

Wir wollen jetzt Versäumtes nachholen. Dazu begib dich auf die Schwingungsebene der Aufgestiegenen Meister. Fühle jetzt ihre Frequenz. Vielleicht erkennst du verschiedene Meister. Diese Erinnerung wird es dir von jetzt an erleichtern, diese Ebenen zu betreten. Hier möchte ich jedoch eine leise Warnung aussprechen. Manche von euch fühlen sich als Channel berufen und sind noch gar nicht in der Lage, die Energien der Aufgestiegenen Meister *zu erden. Dennoch geben sie ihre Weisheiten preis unter dem Namen der Aufgestiegenen Meister. Dies ist nicht in unserem Sinne. Die Channel, die von uns berufen werden, erfahren eine gründliche Ausbildung in und durch die geistigen Sphären. Ihr Auftrag steht schon vorher fest, und wir warten lediglich die Zeit ab, wann wir verstärkt in Kontakt treten und unser Medium erinnern. Nicht alle, die jetzt die Ebenen der Aufgestiegenen Meister betreten, sind zum Channel berufen. Sie haben andere Aufgaben und werden diese zu gegebener Zeit erfahren.*

Nun tanzt die Flamme der Reinheit und Klarheit in das zweite Chakra, brennt es frei von Störenergien. Du kannst diese Technik bis zum zwölften Chakra durchführen, indem du dir eine Lichtverbindung zum Kosmos vorstellst, auf der die höheren Chakren sich befinden. Entlang dieser Lichtverbindung lenke die weiße Flamme, und es findet eine Reinigung statt, die ein großes Echo erzeugt. Während dieser Reinigung steigen Töne in den Kosmos auf, die in ihrer Schwingung dafür sorgen, dass karmische Absolution stattfinden kann. Plötzlich fühlst du dich befreit von alten Lasten –, so wird es sich äußern. Das ist das Geschenk der Karmaerlassung durch gutes Vorankommen. Und das geschieht von selbst. Du kannst hier keinen Einfluss nehmen. Das entzieht sich deiner Kontrolle. Und das ist gut so, denn es würde den Verstand an den Rand des Wahnsinns treiben, würdet ihr versuchen, dies alles verstehen zu wollen. Da sind kosmische Zusammenhänge am Wirken, die ein solch perfektes Timing aufweisen, eine exakte Koordination aller möglichen Aspekte unter Abwä-

gung aller möglichen Eventualitäten. Auf dieses Timing könnt ihr euch verlassen.

So tritt nun, nach Reinigung all deiner Chakren, aus der Aufstiegspyramide heraus, in der einen Hand die Aufstiegsflamme, bereit sie zur Erde zu lenken, in der anderen Hand nichts, Symbol der Reinheit, und in deinem Herzen die Erfüllung über die Gnade der karmischen Absolution. Wann immer du es brauchst, reinige dich in dieser Weise und erinnere dich an das Licht, das du bist."

In Liebe

Serapis Bey

Ich bin die Klarheit und Reinheit, die ich mir wünsche.

Channeling der Atlanter

„Wir begrüßen dich in der türkisen Quelle von Atlantis. Wir begrüßen dich in der Blütezeit von Atlantis. Wir werden dich in den nächsten Tagen dazu veranlassen, Dinge zu tun, die dir ungewöhnlich erscheinen. Keine Angst, es kommen nur hilfreiche Impulse durch, wie etwa ein ätherisches Öl in einer dir ungewohnten Weise zu verwenden, oder einen Kristall für Zwecke einzusetzen, die ihm bisher in der Literatur nicht zugeordnet wurden. Es handelt sich hier um hilfreiche Maßnahmen, die wir in der Blütezeit sehr oft eingesetzt haben, um die Reinheit unserer Körper zu pflegen. Rein in unserem Herzen haben wir uns gehalten dadurch, dass wir die Verbindung zum Einen nie aufgegeben haben. Egal, was auch geschah, egal, welche dunklen Machenschaften aktiv waren –, wir haben immer an das Gute geglaubt und daran, dass alles seinen Sinn im Plane Gottes erfüllt.

Auch du trägst diese Reinheit in dir, auch du trägst jenen Gottesfunken in dir, der dir in Momenten des Zweifelns und der Verzweiflung die Kraft gibt, weiterzugehen. Auch unsere Autorin hat dies immer wieder erlebt, hat doch ihre Neurodermitis sie immer wieder an jene Lebensgrenze gebracht, an der sie sterben wollte. Doch jener Gottesfunken gab ihr Kraft und Halt, weiterzugehen und an ihre Heilung zu glauben. Dies war ein steiniger Weg, und es war der Weg der Prüfung durch die lichten Sphären, die bestandenen Prüfungen, die heute die Qualität ihrer Arbeit bestimmen. Wir erwähnen dies, weil auch du manchmal am Rand der Verzweiflung stehst, weil dich ein chronisches Leiden plagt.

Es ist der atlantische Priester Salomon, der den Gottesfunken in dir stärkt. Salomon bedient sich dazu des rosafarbenen Farbstrahls, den er in jenen Bereich oberhalb deines Solarplexus lenkt, den er den wahren Kern nennt. Hier ist der Gottesfunken zu Hause, der durch die rosafarbene Kraft der Liebe energetisiert wird. Es ist die Erinnerung an dein Gott-Selbst, an jene Verbindung zu Gott als die Verbindung zu deinem Ursprung, zu der einen Quelle. Und das wiederum führt dich in das Vertrauen zu dir, in deine göttliche Kraft und Stärke. Je mehr du dir dieses Gottesfunkens bewusst wirst, umso stärker wirst du ihn empfinden, und die Menschen, die mit dir in Berührung kommen, erfahren ihrerseits eine Belebung dieses göttlichen Funkens, der ihr Kraftquell ist. Bitte Salomon, Priester aus Atlantis, deinen wahren Kern zu stärken. Es ist dein innerster Halt, und hier möge oft dein Fokus sein."

In Liebe

Die Atlanter

Botschaft des atlantischen Priesters Salomon

Ich grüße den göttlichen Kern in mir.
Ich grüße den göttlichen Kern in dir.
Ich grüße den göttlichen Kern der Gemeinschaft.

Der atlantische Priester Salomon nimmt Raum. Mit seinem rosafarbenen Strahl stärkt er deinen göttlichen Funken. Und er richtet folgende Worte an dich:

„Ich bin der atlantische Priester Salomon, und ich habe lange auf diesen Augenblick gewartet. Nun darf ich zu dir sprechen. Über dein göttliches Wesen. Über deinen göttlichen Kern möchte ich mit dir sprechen.

Der göttliche Kern ist zart. Er ist das zarte Band zwischen Gott und dir, jene Verbindung, die immer mit der Energie des Ursprungs gespeist wird. Ähnlich wie ein Abbild der großen Quelle des Einen, sprudelt diese göttliche Quelle auch in dir. Sie ist deine Verbindung nach Hause. Lege nun deine Aufmerksamkeit auf jenen Bereich oberhalb des Bauchnabels, wo dein göttlicher Kern zu Hause ist. Welche Farbe hat deine Quelle?

Diese Farbe sagt sehr viel über dein Zuhause aus. Das, was du bist, das, was dich ausmacht, und das, was du in dieser Inkarnation ausdrücken willst. Und dazu brauchst du möglicherweise die Erinnerung an Atlantis.

Reise jetzt zu dieser Quelle und nimm an ihrer Seite Platz. Nimm ein Stück Papier und einen Stift mit. Lausche dem Klang der Quelle, höre ihr Flüstern, horche aufmerk-

sam und notiere alles, was sie dir sagt. Du wirst dich selbst in ihren Worten wiederfinden. Denn du bist diese Quelle!

Dann lege Stift und Zettel beiseite. Danke der Quelle. Führe deine Hände vor deinem Herzen zusammen und verneige dich vor ihr. „Ich verneige mich vor meinem göttlichen Kern."

Dann komm langsam zurück.

Rufe mich, Salomon, wann immer du inneren Halt und Stärke suchst. Rufe mich auch für die dir Anvertrauten, wenn du fühlst, dass sie unsicher sind, leicht beeinflussbar und von Ängsten geplagt. Rufe mich für diejenigen, die dich um Rat fragen. Rufe mich still, denn sanft werde ich wirken."

In Liebe

Dein Salomon

Die Energie von Salomon

Die Energie von Salomon ist zart, sanft und direkt. Sie dringt über das Kronenchakra ein und strahlt direkt in den Bereich etwas oberhalb des Bauchnabels ein. Seine Energie ist die Energie der göttlichen Liebe, die Alles-was-ist so nimmt, wie er-sie-es ist. Und die, wann immer sie auf Licht trifft, das Gute verstärkt. Und Licht ist in jedem Menschen. Auch wenn dieses Licht nicht immer sofort zu erkennen ist, so ist es doch da. Denn jeder Mensch kommt von Gott, ist Teil Gottes und als solcher ausgestattet mit dem göttlichen Kern der Liebe und des Lichts.

Salomon ist groß und von zarter Statur. Er hat grüne, sanfte Augen, braunes, lockiges Haar und ein fein geschnittenes Gesicht. Er hat eine jugendliche, frische Ausstrahlung. Sein Wesen der Liebe zeigt sich in einem breiten Strahlenkranz, der sein Herz umgibt. Er ist reine göttliche Liebe. Sein Gewand ist rosa-weiß.

Salomon wird begleitet von Engeln der Liebe. Auch Kinderengel sind mit ihm, die den Kindern Selbstvertrauen spenden, wann immer ihr Salomon für eure Kinder ruft. Mit ihm wirken auch die atlantischen Katzen. Sie klären Energien und tauchen oft in Heilarbeit auf. Sie sind die Boten der Unabhängigkeit, und wenn ihr Salomon für eure Tiere ruft, dann lösen sie die energetischen Fesseln aus der Knechtschaft der atlantischen Zeit. So können eure Tiere, wenn ihr Salomon für sie um Hilfe bittet, wieder zu ihrem göttlichen Sein erwachen, denn auch sie sind spirituelle Wesen, die in der Gemeinschaft wachsen und erwachen wollen. Sie sind treue Boten der Liebe.

Ein Beispiel aus dem Alltag

Mein Hund hatte mehrfach unangenehme Erfahrungen mit schwarzen Hunden gemacht. Obwohl er vom Wesen sehr lieb und ausgeglichen ist, brachte ihn die Begegnung mit großen, vor allem schwarzen Rüden immer wieder aus seiner Mitte. Nachdem ich nun die Botschaft von Salomon bekommen hatte, bat ich vor jeder Begegnung mit anderen Hunden Salomon darum, meinen inneren Kern und den inneren Kern meines Labradors zu stärken. Denn auch ich ging schon lange nicht mehr entspannt in eine solche Situation hinein. Obwohl mir vom Kopf bewusst war, dass meine Anspannung sich auf meinen Hund überträgt, konnte ich diese Situationen bisher nicht meistern.

Durch Salomons Hilfe geschah das Wunder. Obwohl wir immer wieder in normalerweise stressvolle Situationen gerieten, ruhte Balu in seiner Mitte und behielt sein Gleichgewicht, auch wenn er angeknurrt wurde. Auch ich reagierte gelassener. Spannend wurde es, als wir eines Tages wieder in eine ähnliche Situation kamen. Dieses Mal war auch meine Mutter dabei. Ein Rüde ging knurrend an unserem Haus vorbei – und Balu stand einfach nur da und beobachtete ihn relativ entspannt und gelassen. Meine Mutter fragte verwundert, was für eine Wandlung denn mit ihm passiert sei. Und ich erzählte ihr von Salomon und dass ich ihn gebeten hatte, für Balu zu wirken. Woraufhin meine Mutter meinte, dass ihr das zwar alles „zu hoch" sei, um es verstehen zu können, doch dass es gewirkt hatte, konnte sie sehen.

Ich erzähle dieses vielleicht etwas banale Beispiel deshalb, weil ich gerade die praktische Hilfe, die ich durch meine geistigen Freunde für den Alltag bekomme, so wertvoll finde. Und ich möchte dich dazu ermutigen, die Dinge einfach auszuprobieren.

Ich stelle jeden Tag in den göttlichen Dienst, indem ich gleich am Morgen darum bitte, dass alles, was an diesem Tag geschieht, zum Wohle aller und in Übereinstimmung mit dem göttlichen Willen geschehen möge. In diesem Vertrauen wirke ich. Doch auch ich habe noch immer Zweifel und freue mich über jeden irdischen Beweis, ganz besonders auch dann, wenn Menschen, die sonst mit spirituellen Dingen kaum Berührung haben, die Auswirkungen der fruchtbaren Zusammenarbeit mit der geistigen Welt erkennen können.

Denn dann ist es mir bzw. uns doch wieder einmal sichtbar gelungen, ein Stückchen Himmel auf die Erde zu bringen.

Wissend um meinen göttlichen Kern,
ruhe ich gelassen in meiner Mitte.
Ich lege diesen Tag in Gottes Hände.
Möge alles, was an diesem Tag geschieht,
zum Wohle aller und in vollkommener Übereinstimmung
mit dem Willen Gottes geschehen.
Möge dieser Tag dem höchsten Wohle aller gereichen.
Ich bitte Salomon, meinen göttlichen Kern zu stärken.

Der göttliche Kern braucht Pflege

Obwohl genug Arbeit auf mich wartete und auch das Buch zu einem bestimmten Termin fertig werden musste, entschied ich mich, auf ein Seminar „Stimme und Lebenskraft auf dem Weg zu mir selbst" mit Gila Antara zu fahren und in meiner Freude zum Gesang die Liebe zu mir selbst zu pflegen. Damit erfüllte ich mir einen großen Herzenswunsch.

Ich war überrascht, wie oft in diesem Seminar über unseren inneren Kern gesprochen wurde. Ich begann, meinen inneren Kern über die Atmung mehr und mehr wahrzunehmen. Auch bat ich Salomon darum, den Gottesfunken in mir zu verstärken. Fast ständig trug ich, obwohl es eigentlich zu warm dafür war, einen rosafarbenen Schal. Ich brauchte für diese Wachstumsschritte die nährende Energie der Farbe Rosa. Wieder verband sich das Rosa der Liebe zu mir selbst mit dem Türkis der Selbstliebe. Im Gesang erfuhr ich die Schönheit meiner Seele und in der Verbundenheit mit der Gruppe ein neues Gefühl von Geborgenheit und Getragensein. Jeder war mit seinem Kern verbunden, und im Gesang potenzierte sich die Kraft. Über die Reise zu meinem inneren Kern verstärkte sich mein Selbstausdruck im Gesang und ich spürte die Kraft in mir, die sich im Außen ihren Weg bahnen wollte. Diese Kraft wurde auch von anderen wahrgenommen. Ich lernte, über Töne Kontakt zu meinem göttlichen Kern aufzunehmen. Ich nahm wahr, wie sich über die Töne, die ich hervorbrachte, und die Lieder, die ich sang, meine Mitte zu stärken begann. Ich konnte also selbst meine Mitte stärken! Das war und ist für mich eine wunderbare, neue Erfahrung. Ich fühlte eine neugewonnene Sicherheit im Umgang mit meinen Mitmenschen.

Dieses Geschenk nahm ich dankbar an. Es stellte für mich die Lösung eines bisher großen Problems dar. Aufgrund einer Missbrauchsthematik in meiner Lebensgeschichte passierte es mir nämlich immer wieder, dass Mitmenschen meine Grenzen massiv überschritten. In solchen Situationen rutschte ich bisher dann in eine Opferrolle, entfernte mich von meinem Kern und fühlte mich somit dem anderen energetisch vollkommen ausgeliefert. Über das Tönen stärkte ich meine Mitte und schuf mir den Raum, den ich gerade brauchte. Ich bekam ein Bewusstsein und ein Gefühl für meine starke Mitte.

Doch nun galt es, meinen göttlichen Kern im Alltag im Auge zu behalten. Mein innerer Kern brauchte Pflege durch Achtsamkeit und Wachsamkeit. In scheinbar banalen Alltagssituationen entfernte ich mich manchmal blitzschnell von meinem Kern, was dann Unwohlsein im Magen auslöste, verbunden mit dem Gefühl, der Solarplexus würde aufreißen oder sich vom Zentrum entfernen. Jetzt konnte ich die Verantwortung für meine Mitte tragen, entwickelte mich vom Opfer zum Schöpfer und entwickelte eine spielerische Kreativität im Umgang mit meiner Mitte.

In diesem Zusammenhang beschäftigte ich mich auch näher mit meinen Chakren und mit Techniken zum Schließen, Schützen und Öffnen der Chakren. Im Laufe der Zeit lernte ich mehr und mehr Möglichkeiten kennen, diesen zarten, inneren Wesenskern zu pflegen, und empfand tiefe Freude über die mir bisher unbekannte innere Stärke. In dieser Form hatte ich sie noch nie wahrgenommen.

Da ich mich so intensiv mit meiner Mitte beschäftigte, zentrierten sich automatisch meine Energien und ich war präsenter im Hier und Jetzt als früher. Diese Konzentration und Präsenz gingen einher mit einem großen Energiegewinn. Ich konnte viel leisten, ohne mich zu erschöpfen. Durch die Aufmerksamkeit auf den Kern nahm ich Impulse deutlicher wahr, folgte ihnen und schaffte dadurch leicht alle Arbeit, die ich zu erledigen hatte, jedoch in einer Reihenfolge, die nicht meiner Kopfplanung entsprach. So konnte es zum Beispiel geschehen, dass ich den Tag mit Gartenarbeit begann, anstatt, wie gewohnt, sofort in der Praxis zu arbeiten und den Garten auf später zu verschieben (was dann häufig ausblieb, weil es dann dunkel oder ich zu müde war.) In der Gartenarbeit schöpfte ich die Kraft für die weiteren Aufgaben des Tages. Ich schaffte alles mühelos und mit Freude und ging abends zufrieden ins Bett. Diese Impulsarbeit macht den Alltag lebendig, interessant und lässt ihn zu einem spannenden Abenteuer werden. Alles gestaltet sich weicher und fließender. Der Kopf wird dazu herausgefordert, Kontrolle loszulassen. Das tut der Seele gut.

Habe Mut, dem lebendigen Impuls zu folgen!

Erfahrungsbericht
Die atlantische Katze Jeannie als Botin des Lichts

Die atlantische Katze Jeannie ist in der Blauen Lichtburg zu Hause. Wie die folgenden Berichte zeigen, nimmt sie ihren dortigen Lichtdienst sehr ernst und unterstützt fleißig die Heilarbeit. Jeannie hat auch dieses Buchprojekt energetisch begleitet. Danke, Jeannie!

„Bereits zweimal in den letzten Monaten, kurz hintereinander, mischte sich Jeannie während einer Channel-Sitzung bei zwei verschiedenen Medien mit einer Klientin ein.
Zum ersten Mal bei Ava (Minatti), während eines Channelings mit Nada und L.
Die Katze hatte es sich auf der Couch bequem gemacht und „schlief".
Dazu muss man wissen, dass L. in früheren Leben eine besondere Beziehung zu Katzen gehabt und einst in Ägypten der Katzengöttin Bastet gedient hatte.
Plötzlich stand Jeannie während des Channelings auf, ging schnurstracks auf L. zu, strich ihr um die Beine und miaute.
Ava sprach den Satz zu Ende und sagte dann:
„Die Katze miaut und möchte dir etwas mitteilen."
Und die Botschaft lautete etwa wie folgt:
„Du glaubst nicht an deinen eigenen Wert und deine eigene Kraft. Nimm dir ein Beispiel an mir. Du kannst von uns Katzen lernen, Selbstvertrauen und Mut zu haben."

Danach ging Jeannie zurück zur Couch und legte sich wieder „schlafen".

Einige Zeit später, das Channeling war weitergegangen, wiederholte sich das Ganze. Dieses Mal lautete die Botschaft sinngemäß:

„Hole dir in einer Meditation mit Bastet, der Katzengöttin, die Energie der Katze in dein Leben."

Auch danach legte sich Jeannie wieder „schlafen."

Und noch eine Weile später stand sie zum dritten Mal auf. Jetzt lautete die Botschaft:

„Mache dir die Kraft der Katze zu eigen und sei dir deiner Verantwortung bewusst. Von uns Katzen kannst du Selbstbewusstsein und Unabhängigkeit lernen."

Kurze Zeit später, in einer Sitzung mit dem KRYON-Channel Barbara (Bessen), lag Jeannie wieder auf der Couch. G. hatte ein wenig „Bammel" vor dem, was kommen würde, und ging zur Couch, um sich dorthin zu legen. Jeannie stand auf und legte sich bei Barbara auf den Schoß. Zuerst wusste diese nicht, was das sollte, hatte dann aber die Eingebung, mit Jeannie Kontakt aufzunehmen, die ihr zu verstehen gab, was los war. Sie hatte eine Botschaft für G.:

„Hab keine Angst. Es wird alles gut."

Und so war es dann auch.

Heute öffne ich mich für die energetisierende Begegnung mit einer atlantischen Katze!

Channeling Amai
Die Selbstliebe im Türkis

„Die Selbstliebe im Türkis ist die Liebe zu den eigenen Gefühlen, der eigenen Kreativität und dem Geschenk innerer Weisheit.

In der Arbeit mit der türkisen Flamme geht es darum, die Gefühle zu befreien, die den Weg zur inneren Stimme blockieren. Und dieser Weg führt über die Liebe, die Liebe zu dir und deinen Gefühlen. Indem du deine Gefühle bejahst, indem du dich bejahst, lösen sich kraft der türkisen Flamme auch hartnäckige Blockaden auf. Die hartnäckigste Blockade ist zumeist die Angst, die durch die Liebe, die du diesem Gefühl schenkst, kraft der türkisen Flamme transformiert werden kann. Hierbei handelt es sich zumeist um Ängste, die aus Vorleben stammen und in diesem Leben eine Reaktivierung erhalten, damit du sie anschauen und bearbeiten kannst. Dabei hilft dir die türkise Flamme. Wie, dazu kommen wir später.

Zunächst einmal geht es um Kenntnis- und Bestandsaufnahme. Wende dich in der Meditation nach innen und nimm zur Kenntnis, welche Ängste da sind. Führe Tagebuch. Notiere in Stichworten alles, was dir auffällt. Das alles hat eine große Bedeutung und wird dir wichtiger Wegweiser auf deinem Lebenspfad sein. Doch der Weg führt nicht um eine Innenschau herum, denn nur durch dich selbst kann die Verwandlung geschehen. So erfordert die Arbeit mit der türkisen Flamme eine fleißige Innenschau – ohne Druck, ohne ein Muss, sondern aus der Freude an dir selbst und der Liebe zu dir selbst heraus.

Wie rufe ich nun die türkise Flamme, damit sie mir helfen kann?

Die türkise Flamme ist ein freies Instrument und bedarf in ihrer Anwendung keiner bestimmten Form. Du erreichst sie durch Bitte, durch Invokation, durch Visualisation, durch Gedankenkraft, durch die Energie des Wunsches. In freier Form. Finde deine Form.

Lenke die türkise Flamme jetzt in all das, was du dir notiert hast, was du wahrgenommen hast. Und bitte mich, Amai, dazu, um die Transformation zu beschleunigen. Lange genug hast du darunter gelitten, in dem Gefängnis deiner Ängste eingesperrt gewesen zu sein.

Die türkise Flamme erreicht vor allem auch jene, die als Indigo-Kinder bezeichnet werden. Sie hilft ihnen, mit ihren Emotionen zurechtzukommen und sich in der Welt der Materie besser zurechtzufinden, vor allem, was Beziehungen betrifft.

Das Beziehungsgefüge eurer Gesellschaft ist krank, und es bedarf gesunder Impulse, damit es sich selbst reinigen kann. Die Indigo-Kinder sind gekommen, um diese gesunden Impulse zu setzen, und die türkise Flamme aus der atlantischen Blütezeit unterstützt ihr Bemühen.

So kann es nicht weitergehen! Menschen verstecken sich hinter ihren Fassaden, trauen einander nicht mehr, greifen sich gegenseitig an, verbal, emotional, mental und auch spirituell. Woher sonst rühren die Ängste, wenn nicht aus einem Fehlverhalten der Menschen untereinander?

Menschen sind von ihrem Wesen her licht – und liebe-

voll. Wenn sie dieses Potenzial leben, dann können sie zurückfinden in eine Haltung gegenseitigen Respekts. Das Vertrauen zueinander wächst auf dem Nährboden von Vertrauen in Gott selbst, und es ist – wie ihr bereits erfahren habt – der atlantische Priester Salomon, der den Gottesfunken nährt. Ohne Gott geht es nicht, denn das ist der Ursprung. Ihr entstammt alle derselben Quelle."

In Liebe

Amai

Ich erinnere mich an meinen göttlichen Ursprung.
Die Kraft Gottes ist in mir.
Gott wirkt durch mich.
Durch die Kraft Gottes in mir befreie ich mich aus dem Gefängnis meiner Ängste und Illusionen.
In tiefem Vertrauen zu Gott ruhe ich in meiner Mitte.

Lady Nada: Übung zur Selbstliebe

Suche dir eine Situation, mit der du nicht zufrieden (bzw. mit der du unglücklich ...) bist.
Nimm deine Gefühle wahr.
Notiere deine Gefühle, mache sie sichtbar auf Papier. Sei ehrlich mit dir. Es darf alles aufgeschrieben werden. Während du die Gefühle in Worte kleidest, werden sie in deinem Emotionalkörper aktiviert. Sie drängen an die Oberfläche, um in Liebe angenommen und transformiert zu werden.
Erlaube dir, sie intensiv zu fühlen (Wut, Traurigkeit, das Gefühl des Ungeliebt-/Unverstandenseins, Hass, Neid, Eifersucht, ...).

Nun schließe deine Augen. Bitte die Aufgestiegene Meisterin Lady Nada, dich bei der folgenden Visualisierungsübung liebevoll zu begleiten.

Sieh dich nun selbst vor deinem inneren Auge. Sieh, wie du dich selbst umarmst, mit all den Gefühlen, die du momentan hast. Und sieh, wie von oben rosafarbenes Licht zu euch herabströmt, euch durchfließt und umhüllt. Durch die Liebe Lady Nadas ist es dir möglich, dich selbst in Liebe zu betrachten und anzunehmen mit allem, was du jetzt in diesem Moment bist. Diese Liebe hat die Kraft, deine Gefühle zu heilen und zu transformieren. Nimm das rosafarbene Licht ganz tief in dich auf. Atme es in dein Herz hinein. Wenn du dich vollkommen in Liebe fühlst, löse die Umarmung und reiche dir selbst deine Hände. Schau dir in die Augen, sage dir, dass du dich liebst und dass du dir all die Momente verzeihst, in denen du nicht in der Liebe zu dir selbst gelebt hast, all die Momente, in denen du dich abgelehnt hast, dich missachtet hast, dich nicht wichtig genommen hast.

Und dann lass dich selbst in Liebe los und sieh, wie das Spiegelbild deines Selbst mit dem rosafarbenen Licht ins Licht geht. Es ist jener Teil von dir, der dich immer geliebt hat und dich immer lieben wird. Es ist dein göttliches Selbst.

Das Loslassen mag dich schmerzen, doch erkenne nun, dass du immer mit deinem göttlichen Teil verbunden bist. Und erkenne auch, dass das physische Leben, das dir geschenkt wurde, eine wunderbare Möglichkeit ist, diese göttliche Liebe in die Welt zu tragen.

Indem du dich selbst liebst, strömst du die göttliche Liebe in deine Umgebung.

In dem tiefen Gefühl, bedingungslos geliebt zu sein, kehrst du langsam mit deiner Aufmerksamkeit zurück, nimmst wieder den Raum wahr, in dem du dich befindest, und spürst den festen Boden unter deinen Füßen. Es ist Mutter Erde, die dich trägt und nährt und die allumfassende Liebe für dich und andere erfahrbar macht.

Bedanke dich bei Lady Nada und verabschiede dich von dir.

**In der tiefen Liebe zu mir selbst,
finde ich die Kraft, mir zu vergeben.**

Karmischer Einblick

Es ist möglich, dass du bei der Arbeit mit der türkisen Flamme karmische Einblicke erhältst. Nach meiner Erfahrung öffnet sich der Vorhang zu Erfahrungen aus früheren Leben von selbst, wenn dies zur Auflösung von Karma notwendig ist. Diese Einsicht in Vorleben kann von großem Nutzen sein, und ich sehe dieses als göttliches Geschenk an, für das ich sehr dankbar bin. Oftmals haben mir diese Bilder meiner Seele geholfen, meine jetzige Situation besser verstehen und dadurch auch annehmen zu können. Mit den mir vertrauten Instrumenten war es mir bisher immer möglich, dieses Karma selbst zu bearbeiten.

Sicherlich gibt es auch Vorleben, in die wir besser unter Anleitung schauen können. Doch was sich mir von selbst offenbart, kann auch von mir selbst mit den in mir vorhandenen Möglichkeiten bearbeitet werden. Dabei ist für mich die Zusammenarbeit mit der geistigen Welt eine wertvolle Hilfe. Ich arbeite gerne frei und kreativ, das heißt: Ich kombiniere oft verschiedene geistige Methoden miteinander, was ich im folgenden deutlich machen möchte.

Ich möchte einen meiner karmischen Einblicke mit dir teilen:

Ich wache am Morgen auf, lege meine Hände auf mein Herz und horche nach innen. Gibt es da einen Impuls, eine Botschaft? Ich lausche und warte. Tief aus meinem Inneren höre ich mit meinen inneren Ohren: „Die türkise Flamme".

Ich gehorche dem Impuls und bitte die türkise Flamme zu mir. „Geliebte türkise Flamme, bitte begleite mich an diesem Tag." Mit dem Erscheinen der türkisen Flamme gleite ich tiefer in die Meditation. Es öffnet sich der Raum inneren Friedens. Plötzlich erscheint eine Szene aus einer anderen Zeit. Ich sehe eine Familie, die ein großes Haus bewohnt. Ich sehe einen Mann, der Pfarrer ist. Ich sehe seine Frau; sie ist wunderschön, mit langem Haar, und fühle, dass sie mit Heilkräften gesegnet ist. Und dann sind da noch ihre drei Kinder. Alles in allem, eine glückliche Familie, könnte man meinen. Doch die Frau trägt einen großen Kummer mit sich. Menschen sind zornig auf sie. Durch Gottes Heilkraft, die sie weitergibt, werden Menschen zu sich selbst geführt. Das wiederum führt zu einer Veränderung dieser Menschen. Sie nehmen ihre Kraft an und geben ihrem Leben eine neue Richtung. Das kann so weit gehen, dass sie sich von ihren Beziehungspartnern trennen, um ihren Weg alleine weiterzugehen. Und dieser Zorn der Angehörigen richtet sich nun geballt gegen die Heilerin. Sie kann diesem starken Druck nicht standhalten. So geht sie in den Wald und nimmt sich das Leben. Doch die ersehnte Erleichterung bleibt aus. In den geistigen Sphären verweilend, findet sie keine Ruhe. Sie hört die Schreie ihrer Kinder und ihres Mannes und kann diesem Kummer nicht entfliehen. Starke Schuldgefühle und der Wunsch, es rückgängig machen zu können, regen sich in ihr. Doch sie kann die Zeit nicht zurückdrehen. Sie kann nicht ungeschehen machen, was geschehen ist.

Mit meiner heutigen Einsicht kann ich erkennen, dass ihr Leben eine andere Wende genommen hätte, wenn sie ihrer inneren Stärke und jener Heilkraft Gottes vertraut hätte, die sie zum Wohle aller reich verströmte. Und sie hätte auf den Halt ihrer Familie vertrauen können.

Das Geschenk dieser Einsicht und der türkisen Flamme ist das Wiederfinden dieser inneren Stärke und eines Haltes in mir, aus dem heraus der Glaube erwächst, dass ich mit Gottes Hilfe jede Situation meistern kann.

Wie nun erfolgte die Auflösung dieses Karmas?

Zur Auflösung dieses Karmas kombinierte ich verschiedene geistige Methoden.

Nachdem ich über die türkise Flamme Einsicht nehmen durfte, rief ich die violette Flamme der Transformation und lenkte sie zur Karmabereinigung in die Situation. Ich bat um die Kraft der Vergebung für alle Beteiligten und um die Heilkraft der Gnade. Dann bat ich den Erzengel Michael, mit seinem Flammenschwert die noch heute wirksamen Energieverbindungen zu durchtrennen.

Am Ende dankte ich für die empfangene Hilfe. Die eingesehenen Bilder lösten sich auf, und ich kehrte, in meiner Mitte gestärkt, langsam wieder in den Alltag zurück.

Es kann sein, dass dich der Einblick in dein Karma tief betroffen macht. Bitte nimm diese starke Berührung deiner Selbst, diese Seelenberührung, in Achtsamkeit an. Sei in tiefem Mitgefühl mit dir, sei liebevoll zu dir selbst. Achte in den drei Tagen nach erfolgter Einsicht auf deine Bedürfnisse. Nimm dir Raum. Du bist der wichtigste Mensch in deinem Leben. Teile deinen Lieben mit, dass du dich gerade in einem tiefen Transformationsprozess befindest. Aus der Herzenskommunikation (türkis) erwachsen Verstehen und Verständnis.

Habe Mut, dein Karma einzusehen!

Channeling Amai
Die Menschen in Atlantis

"In der Blütezeit gab es zwei Sorten Atlanter. Die einen strebten ständig nach Erkenntnis, Reinheit und Fortschritt. Die anderen verunreinigten und machten jenen, die nach Reinheit strebten, das Leben schwer. Und doch dienten alle dem Plan, so wie auch heute jeder von euch dem göttlichen Plan dient.

In welcher Funktion du jetzt auch immer gerade bist, du bist am rechten Platz. Das bedeutet nicht, dass du diesen Platz nicht wechseln kannst. Doch jetzt – in diesem Moment – bist du hier richtig. Hier gibt es genau das zu erfahren, was für dich jetzt wichtig ist. Und das ist der Plan.

Zu welchen Menschen hast du gehört? Die meisten der heutigen Lichtarbeiter haben zu der Sorte gezählt, die nach Reinheit, Wahrheit und Licht strebten. Noch heute ist ein großer Reinheitsanspruch vorhanden. Wenngleich in der Blütezeit die Gemeinschaft noch funktionierte, gab es bereits Spaltungen, und zum Ende begannen die Atlanter damit, sich zu verfeinden. Aus dem einstmals so rein gehaltenen Gefühl der Liebe wurde Hass. Und die Atlanter begannen, sich von unreinen Motiven leiten zu lassen. Schnell rückte neben der Emotion Hass auch die Gier auf den Plan, das Haben-wollen und Einander-etwas-wegnehmen-wollen, also auch die Emotion Neid. Damit war das Ende der Blütezeit vorprogrammiert. Die Harmonie der Gemeinschaft war zerstört.

Die Atlanter begannen auch damit, Tiere zu essen, denn Tiere eigneten sich bestens als Besitztum. Je mehr Tiere ein Atlanter hatte, um so reicher fühlte er sich. Mit dem Tiergenuss kamen neue Krankheiten, denn das Immunsystem der Atlanter war bis dahin noch nicht stark genug , um mit den neuen Arten von Keimen und Bakterien, die aus dem Fleisch aufgenommen wurden, zurechtzukommen, in dem Sinne, dass Gesundheit erhalten werden konnte. Indem das Tier zum Besitztum erklärt wurde, zerbrach das wundervolle Band der Kommunikation zwischen den Menschen und den Tieren.

Die Tiere tragen seitdem eine stille Trauer in ihren Augen, die noch heute in dem traurigen Blick eines Hundes sichtbar ist. Damit will er sagen:" Was hat der Mensch uns angetan. Weißt du nicht mehr, damals, als wir noch miteinander sprechen konnten und wir uns ohne Worte verstanden?"

Die Katze ist das einzige Tier, das sich nicht wirklich zähmen ließ. Ihr Stolz wurde niemals gebrochen.

Werde wieder zu diesem reinen Menschen, der sich für die Gemeinschaft einsetzt, ohne sich dabei selbst zu verlieren. Trage die Reinheit der atlantischen Blütezeit in die Gemeinschaft von heute, damit auch diese Energie wiederbelebt wird.

Damit rückt auch die Unreinheit auf den Plan. Bleibe bei dir. Lebe nach deiner Idee von Reinheit, Ehrlichkeit,

Wahrheit und stecke andere Menschen durch dein Vorbild an. Missioniere nicht, lebe einfach vor. Zwinge dich nicht, eine Reinheit zu leben, die noch nicht echt ist; zwinge dich nicht, eine Wahrheit zu leben, die nicht authentisch ist.

Ganz von selbst wird sich auch dein physischer Körper auf seine wahren Bedürfnisse einstellen und nach wahrer, reiner Nahrung verlangen, die zu verstoffwechseln er gerne bereit ist. Wenn du (noch) Fleisch isst, dann segne das Opfer, das das Tier gebracht hat. Es hat sich für dich hingegeben. Damit kommst du wieder in eine Haltung der Dankbarkeit und Demut für das Geschenk, das das Tier der Gemeinschaft bringt. Eine Katze bringt ihrer Familie eine Maus und möchte diese in der Gemeinschaft teilen.

Du trägst dein Potenzial in die Gemeinschaft, indem du das einbringst, was du gerne geben möchtest. Doch erwarte keinen Dank, sondern betrachte es als eine Selbstverständlichkeit, Gottes Gaben miteinander zu teilen.

DU BIST EIN GESCHENK GOTTES !

In Liebe

Amai

Habe Mut, deine Idee von Gemeinschaft einzubringen. Du bist wertvoll.

Der Delfin und die Perle

In den türkisfarbenen Wellen des Meeres tummelte sich der Delfin Maria. Maria war ungefähr zwei Jahre alt. Von ihrer Mutter Maja war sie in die Kunst des Perlensuchens eingeweiht worden. Sie wusste, dass die Perlen Lichtbringer sind, und ihre Aufgabe war es, die Perlen, die sie fand, den Menschen in Atlantis als Geschenk zu überbringen.

Manche Menschen verstanden die Botschaft der Perlen zu deuten. Sie wertschätzten die Geschenke, die Maria ihnen brachte. Andere wiederum wollten nicht, dass das Licht verstärkt wurde. Von jenen Menschen war Marias Mutter Maja getötet worden, denn die Weisheit der Delfine sollte aussterben.

Wenngleich Maria um ihre verstorbene Mutter trauerte, wusste sie doch, dass diese für eine gute Sache gestorben war und in den geistigen Sphären wohlbehütet verweilte, bis sie wieder inkarnieren durfte. Manchmal träumte Maria von ihrer Mutter, und in den Träumen waren sie wieder eins. Diese Verbindung gab Maria die Kraft, ihren Lichtdienst zu tun.

Sie nahm ihre Aufgabe sehr ernst und gönnte sich nur selten eine Ruhepause. Die anderen Delfine interessierten sie nicht. Für diese war sie ein Sonderling, da sie niemals Lust hatte, mit ihnen zu spielen. Das Spiel mit den anderen erschien Maria als reine Zeitverschwendung. Sie wusste, dass ihre Zeit des Alleinseins bald vorbei sein würde, denn sie hatte sich für die Empfängnis eines Babys entschieden.

In ihrem Herzen trug sie die Vision ihres Partners und ihres Kindes. Instinktiv ahnte sie, dass die Erfüllung nahte, und sie wollte vorher noch möglichst viele Perlen finden, um damit das Licht der Gemeinschaft zu stärken, denn schließlich würde auch ihre Familie ein Teil dieser Gemeinschaft sein, und je stärker das Licht war, desto weniger konnten die bösen Menschen gegen sie ausrichten.

Maria hatte viele Freunde unter den Menschen. Manchmal schwammen sie mit ihr, und der Delfin nahm sie mit in die Meerestiefen, um ihnen ihren Lebensraum zu zeigen. Sie liebte den Herz zu Herz Kontakt mit den lieben Menschen, und sie fühlte sich mit ihnen auf eine magische Weise verbunden. Manchmal tauchten Bilder der Erinnerung in ihr auf, eine Erinnerung an ein Versprechen, das sich die Menschen und die Delfine einst gegeben hatten. Es war das Versprechen gegenseitiger Unterstützung. Es war das Versprechen gegenseitigen Respekts, und es war das Versprechen, gemeinsam an der Ausbreitung des Lichtes zu wirken.

Maria war traurig darüber, dass sich nur wenige an dieses Versprechen zu erinnern schienen. Doch sie freute sich darüber, dass ihr Gedächtnis diese Erinnerung bewahrt hatte.

Eines Tages tauchte Maria wieder einmal nach Perlen. Sie war konzentriert bei der Suche, als sie plötzlich die Stimme ihrer Mutter Maja vernahm. Ganz deutlich konnte sie sie hören: "Maria, mein Kind, bringe die Perle, die du heute findest, zu den Klippen am Oriongitter. Dort wirst du einem Menschen begegnen, und für diesen Menschen ist die Perle bestimmt. Führe die Perle ihrer Bestimmung zu. Du hast Gottes Segen." Dann verschwand die Stimme.

„Zu den Klippen am Oriongitter," dachte Maria, „was für eine gefährliche Mission."

Das Oriongitter war ein Ort der Visionen. Dorthin kamen die Menschen, um in ihr Karma Einsicht zu nehmen. Sie erhielten auch Einblicke in ihren zukünftigen Lebensplan. Für die Menschen war dieser Ort ein Ort des Trostes und der Erlösung, denn oft hatte Gott mit den ehrlich Suchenden ein Einsehen und nahm karmische Lasten von ihnen. Maria hatte Angst vor diesem Ort, denn die Wellen dort waren so hoch und stark, dass ein Delfin von ihnen leicht gegen die Klippen geschmettert werden konnte. Nachdenklich setzte Maria ihre Suche fort. Und sie fand in den Tiefen des Meeres eine wunderschöne perlmuttfarbene Perle. Vorsichtig nahm sie die Perle zwischen die Zähne, dankte der Muschel für das Geschenk und machte sich auf den Weg zu den Klippen am Oriongitter. Heute war das Meer merkwürdig still. Es waren kaum Wellen zu spüren. Plötzlich wurde das Meer bewegter und ein männlicher Delfin tauchte neben ihr auf. Er zwinkerte Maria fröhlich zu und ein warmer Strom der Liebe ging durch ihr Herz. Sie fühlte sich sogleich seltsam beschützt und etwas in ihr wusste, das dies der Vater ihres Kindes sein würde. Seite an Seite schwammen sie dahin, und der Delfin stellte nicht eine einzige Frage. Auch Maria hatte nicht das Bedürfnis, sprechen zu wollen. Das war ohnehin nicht leicht, mit einer Perle zwischen den Zähnen. Der Delfin begleitete Maria bis zu den Klippen am Oriongitter. Und er sagte:

„Du musst jetzt alleine weiterschwimmen, um deinen Auftrag zu erfüllen. Ich werde hier auf dich warten."

Maria nahm allen Mut zusammen. Doch es drohte ihr keine Gefahr von den Wellen, da das Meer so ruhig war. An den Klippen angekommen, sah Maria einen Mann am Ufer stehen. Er betete zu Gott und bat um die Erfüllung seines Kinderwunsches. Der Delfin schwamm ganz nah an ihn heran, grüßte ihn und überreichte ihm die Perle mit der Gedankenenergie, die von Gott zu kommen schien: Diese Perle möge von deiner Frau getragen werden. Sie wird ihr Fruchtbarkeit bescheren, und ihr werdet bald das langersehnte Lichtkind empfangen. Alles wird gut."

Mit Tränen in den Augen empfing der Mann das Geschenk. Er bedankte sich bei Maria und sie schwamm zurück. Ihr neuer Lebensgefährte erwartete sie. Gemeinsam schwammen sie in ihr Glück, in ihre Erfüllung.

Meditation: Die Reise zum Oriongitter

Begib dich an deinen Lieblingsmeditationsplatz.
Lade den Aufgestiegenen Meister Hilarion ein, mit dir zu sein.
Zentriere dich in deiner Mitte. Lass Töne aus deinem Inneren aufsteigen. Töne zunächst für deine Zentrierung, für deine eigene Heilung. Dann töne für das, was dich umgibt, für die Natur, die Tiere, für andere Menschen, für Räume, für die Gegend, in der du lebst. Und spüre, wie die Töne, die du nach außen gibst, wieder auf dich zurückwirken. Lass Heilung geschehen. Erlaube, dass Heilung geschieht. Nimm das Geschenk der heilenden Töne an, die du erzeugst. Halte inne. Spüre nach.

Wir sind heute hier zusammengekommen, damit du einen Einblick in deinen Lebensplan nehmen kannst. Und auf diese Reise begleitet dich dein innerer Delfin, oder vielleicht begleiten dich sogar mehrere Delfinfreunde.
Begib dich nun in deiner Vorstellung an den Ozean. Dein Delfinfreund erwartet dich bereits. Du steigst zu ihm in das Element Wasser. Ihr begrüßt euch und der Delfin nennt dir seinen Namen. Gemeinsam begebt ihr euch auf die Reise zum Oriongitter aus Atlantis, jenem geheimnisvollen Ort, an dem Karma abgelöst werden kann und an dem du Einsicht in deinen Lebensplan nehmen kannst.

Deshalb begleite ich, Hilarion, dich, um dir diesen Einblick zu ermöglichen. Mögest du den Mut haben, deinen Bildern zu vertrauen.

Während du neben dem Delfin daherschwimmst, verwandelt sich plötzlich dein Körper. Und du wirst selbst zu einem Delfin. Es macht dir großen Spaß, deine Körperlichkeit zu verändern. Außerdem kommst du jetzt schneller vorwärts.

Und noch etwas bereitet dir große Freude. Du hast die Fähigkeit, mit dem Delfin im Geiste zu kommunizieren. Es ist die Wiederentdeckung eines lange brachliegenden, atlantischen Potenzials: das Geschenk der geistigen Kommunikation mit den Tieren. Und du machst von dieser Fähigkeit jetzt regen Gebrauch. Bereitwillig und geduldig antwortet der Delfin dir in seiner immer gleichbleibenden Liebe zu allem Sein. Wie ein Engel des Meeres erscheint er dir. Wenngleich er einen festen Körper hat, ist er doch in seiner energetischen Struktur so fein, dass er jeden Gedankenimpuls von dir auffangen kann. Dann seid ihr am Oriongitter angekommen und du nimmst wieder den Körper eines Menschen an. Du steigst aus dem Wasser und nimmst auf den Klippen Platz.

Du wartest geduldig, bis die Visionen kommen, die Gott dir heute offenbart. Es sind Visionen, die in deinem Lebensplan enthalten sind. Empfange die Visionen, ohne sie von deinem Verstand analysieren oder bewerten zu lassen. Empfange sie in der Energie der göttlichen Kraft von Glaube und Vertrauen. Die Energie findet immer ihren Weg. Nachdem du die Visionen empfangen hast, bedanke dich für das große Geschenk der Einsichtnahme in deinen Lebensplan. Und dann lass – bevor du gehst – noch etwas Persönliches von dir an diesem Ort zurück.

Nun ist es Zeit zu gehen. Du verabschiedest dich von jenem magischen Platz und steigst wieder in den Ozean. Wieder nimmst du den Körper eines Delfins an. Und wieder nutzt du die Möglichkeit, mit deinem Delfinfreund geistig zu kommunizieren. Er weiß auf alles eine Antwort, denn er ist ein göttlicher Aspekt von dir. Am Ende eurer Reise bedankst du dich bei ihm und nimmst wieder den Körper eines Menschen an.

Du steigst aus dem Meer und lässt für eine Weile das von dir Erlebte in dir nachklingen. Am Ende der Meditation bedankst du dich bei der geistigen Welt für die Hilfe, die du empfangen hast. In deiner Zeit kommst du wieder in der Dimension von Raum und Zeit an, um alles, was du gerade erfahren hast, in deiner Weise in deinen Alltag zu integrieren. Achte an dem heutigen Tag auf die Botschaften, die dir von außen gegeben werden. Sie sind ein Spiegel deines Inneren und können eine wahre Bedeutung für dich haben.

In Liebe

Hilarion und die Delfine

Heute vertraue ich meinen Visionen!

Channeling Amai: Die Zeit der Neuen Energie

„Es ist jetzt eine Zeit, die ihr die Zeit der Neuen Energie nennt. Und es sind wieder die Delfine und Wale, die euch in diese Energie hineinführen, ganz so wie die Geburtshelfer von damals. Genauso sanft könnt ihr jetzt von einer Energiestufe in die nächste hinübergleiten. Begebt euch oft in das Element Wasser. Geht schwimmen und werdet der feinstofflichen Delfinwesen gewahr, die euch begleiten.

Traut euren Augen, wenn ihr plötzlich diese feinstofflichen Liebesboten seht! Traut euren Ohren, wenn ihr plötzliche himmlische Gesänge hört! Sprecht mit niemandem über diese Dinge, der nicht offen dafür ist. Respektiert seine Enge und öffnet euch für neue Kontakte, die getragen sind von der türkisfarbenen Energie. Diese Energie wird nicht von einem Aufgestiegenen Meister gelenkt, sondern es ist eine Engelenergie, die einen zusätzlichen türkisen Farbstrahl zur Verfügung stellt, der dich direkt in die Neue Energie trägt.

Die Neue Energie ist Liebe, ist Fülle, ist Streben nach dem reinen Herzen. Es ist eine ehrliche Energie, die es nicht mehr erlaubt, in Lüge sich selbst gegenüber zu sein. Es ist eine Energie, die dich in deine Herzenswahrheit führt und dir gleichzeitig den Mut verleiht, diese zum Ausdruck zu bringen.

Für die Menschen, die in der Neuen Energie leben, ist es eine Selbstverständlichkeit, zusammenzuarbeiten, einander mit dem Herzen wirklich zuzuhören und mitfühlend mit allen zu sein. So, sei jetzt gesegnet von mir, Engel

Amai. Ich bin eine weibliche Energie, denn diese neue türkise Energie trägt die Botschaft der Intuition, der intuitiven Wahrnehmung und weiblichen Führerschaft. Und du bist aufgerufen, diese zu leben. Dein Leben zu leben in einer Form, vielleicht wie es die Delfine tun, in einer gewissen Leichtigkeit und einer beständigen Freude am Sein. Du bist aufgerufen, einzutauchen in die tiefsten Tiefen deines Wesens, denn die Neue Energie ist eine Energie, die keine Oberflächlichkeit mehr erlaubt. Zu deinem Wohle und zum Wohle aller. So sei es."

In Liebe

Amai

Ich gehe meine eigenen Pfade.

Gebete aus der türkisen Quelle

Einschwingen des Herzens

*Ich rufe die türkise Flamme.
Ihr vertraue ich mein Herz an.
Von ihr wird mein Herz getragen.
Ich schwinge mich ein in die neue Herzensenergie,
die mein Herz vor Liebe überfließen lässt.
In dieser Energie ist mein Herz gefüllt und gebend zugleich,
denn ich bin verbunden mit der ewigen Quelle des Einen,
der ewigen Quelle der Liebe.*

Amen

Shakanta

Halt in mir

*Ich rufe die türkise Flamme,
Herzensmauern fallen,
vorsichtig trete ich in Beziehung
mit dem Außen.
Ich vertraue der türkisen Flamme,
finde Halt in mir
und weiß,
auf mich kann ich mich verlassen.*

Shakanta

In der Beziehung

Ich rufe die türkise Flamme.
Bitte wirke in meiner Beziehung zu ...,
damit wir uns in unseren Herzen begegnen.
Ich will schauen in den Spiegel der Wahrheit,
denn nur das Herz kennt die Wahrheit.
Ich will sehen mit den Augen des Herzens.
Und im Mitgefühl mit meinem Gegenüber sein.
Ich will meinem und seinem Gefühl vertrauen.
Ich will frei von Bewertung sein.
Denn die Liebe meines Herzens wertet nicht,
sondern nimmt für wahr, was wirklich ist.
Ich bin verbunden mit der türkisen Quelle,
die mich die Einheit spüren lässt,
die mich nährt und füllt
und mich schützend mit Gottes Liebe umhüllt,
die mir Vertrauen schenkt,
mich selbst zu zeigen, wie ich bin,
die mich so annimmt, wie ich bin.
Ihr gebe ich mich hin
In der schöpferischen Weisheit des Verstehens.

Amen

Shakanta

Für die Tiere

Geliebte türkise Flamme.
Ich rufe dich für die Tiere dieser Erde.
Bitte befreie sie aus der Knechtschaft der Menschen.
Bitte lass die Menschen erkennen,
dass sie unrecht handeln, wenn sie über die Tiere herrschen.
Bitte öffne ihnen die Augen, damit sie erkennen können,
dass es die Hierarchie, die sie geschaffen haben,
in Wirklichkeit nicht gibt.
Bitte hilf ihnen zu erkennen, dass die Tiere
Liebesboten sind
und dass sie nicht erschaffen worden sind,
damit die Menschen sie in Besitz nehmen
und an ihnen Unrecht tun.
Bitte hilf ihnen zu erkennen,
dass vor Gott alle gleich sind
Und dass sie sich selber richten, wenn sie Unrecht tun.
Möge die türkise Flamme die verletzten Gefühle heilen,
so dass die Gemeinschaft der Tiere und Menschen
in die göttliche Harmonie zurückgeführt werden kann.

In Liebe sei es so.

Amen

Shakanta

Gesang des Herzens

*Ich rufe die türkise Flamme
Für die Öffnung meiner Herzenstüren.
Mein Herzensraum weitet sich.
Frische Luft strömt in meine Lungen.
Der frische Wind meines Atems
Trägt die Melodie meines Herzens
Über die Erde.
Meine Töne berühren deine Töne
Und verbinden sich zu einem wunderschönen Gesang.
Herzen schwingen miteinander
In der vollendeteten Harmonie
Der göttlichen Einheit.*

In Liebe sei es so.

Amen

Shakanta

Herzenskommunikation

*Ich rufe die türkise Flamme,
betrete mein Herzensreich
mit der Fackel in der Hand.
Die Flamme erleuchtet mein Sein.
Hier, in meinem Herzen, begegne ich mir selbst
Und ich finde Worte, die mir selbst entspringen,
Weise Worte, die in ihrer Einfachheit mein Gegenüber
erreichen.
Es sind Worte, von Herz zu Herz gesprochen,
sie bedürfen keiner Erklärung,
denn sie werden gefühlt
und vom Herzen für wahr befunden.
Ich kommuniziere von Herz zu Herz
Und finde Erfüllung in der Fülle meines
kreativen Ausdrucks.
Ich freue mich an mir.
Ich freue mich an meinem reichen Potenzial.
In dem Wissen, dass es ein Geschenk Gottes ist,
gebe ich es weiter,
Eine Leihgabe des Einen, in dessen Quelle es
zurückfließt
Und von wo es immer wieder neu geboren wird.
So wie ich selbst.*

In Liebe sei es so.
Amen

Shakanta

Seelenpartner

Geliebte türkise Flamme,
bitte wandle auf meinem Weg
und brenne ihn frei von alten Beziehungsmustern,
die den freien Fluss der Liebe noch behindern.
Ich danke dir für deine Hilfe.
Ich will jetzt die Beziehung in mein Leben einladen,
die mein Herz erfüllt wie keine andere.
Möge mein Seelenpartner jetzt Einlass in mein Leben finden.
Ich will mich nicht länger gegen die Erfüllung wehren.
Ich verdiene das Gute.
Ich verdiene es, gesehen und geliebt zu werden,
so wie ich bin.

In Liebe sei es so.

Amen

Shakanta

Channeling Amai: Die Sorge um die Körper

„Der Begriff der Sorge ist bei euch heute oft negativ besetzt. Jemand, der sich sorgt, ist jemand, der sich angeblich das Leben schwer macht.

In der Tat wird das Energiesystem durch Sorgen extrem belastet. Doch die Sorge gehört zum menschlichen Leben dazu. Der Positivaspekt der Sorge ist das Sichkümmern in Form eines Tuns aus Mitgefühl oder Nächstenliebe. Eine Mutter kümmert sich um ihr Kind – aus Liebe; eine Krankenschwester pflegt einen Patienten – aus Nächstenliebe usw. Diese Menschen, sorgen für einen anderen Menschen und häufig führt das auch dazu, dass sie sich über den anderen Menschen Sorgen machen. Das ist menschlich und also in Ordnung bis zu dem Grade, wo die Sorge um den anderen das eigene Energiesystem belastet und diesen Körper womöglich in die Krankheit führt. Hier ist es, besonders für Therapeuten, wichtig, sich gut abzugrenzen und sich an den unvermeidlichen Aspekt der Selbstliebe zu erinnern.

Pflege den eigenen Körper, halte ihn stark und gesund; pflege die eigenen Energiekörper, halte sie stabil.

Der menschliche Körper ist eine gesunde Einheit, mit dem ihm innewohnenden Aspekt des Lebens, der sich durch das Energiesystem Mensch ausdrücken will – und vor allem, sich als lebendiger Impuls in der Gemeinschaft verwirklichen will."

Für die folgende Übung von Engel Amai bin ich persönlich besonders dankbar. Sie ist mir eine sehr große Hilfe. Es geht um das Loslassen von Sorgen. Ich weiß nicht, wie es dir geht, doch ich habe die Angewohnheit, mir allzu viele Sorgen um andere zu machen, obwohl ich weiß, dass ich damit niemandem diene. Ich bekomme dadurch Schulterschmerzen, denn natürlich ist es nicht in göttlicher Ordnung, wenn ich mir aus Sorgen die Lasten anderer auflade und sie dann nicht loslasse. Vom Kopf her weiß ich das natürlich, doch dieses Wissen ist mir noch nicht in Fleisch und Blut übergegangen. Ich mache diese Erfahrung solange, bis ich sie nicht mehr mache. Ganz einfach. Und in der Zwischenzeit bediene ich mich zum einen der göttlichen Kunst, einmal herzhaft über mich selbst zu lachen, nehme entspannende Bäder mit meinem Lieblingssalz „Meine Base", um die schmerzhaften Verspannungen wieder loszulassen, und nutze die folgende Übung von Amai. Sie nennt diese Übung „Energieübung zur Entfernung der Sorge aus dem Energiesystem/der Einheit Leben: Mensch".

Channeling Amai:
Energieübung zur Entfernung der Sorge aus dem Energiesystem/der Einheit Leben: Mensch

Erschaffe dir ein Abgrenzungssymbol.
Wie nimmst du es wahr? Welchen Ausdruck findet deine Abgrenzung?
Sorge dafür, dass du dich innerhalb deiner Abgrenzung vollkommen wohlfühlst.
Du ruhst in tiefer Liebe zu dir im inneren Frieden in dir selbst.
Sage dir dreimal: Ich ruhe in mir selbst.
.... und spüre.

Reaktiviere die Erinnerung an das Gefühl, in tiefer Liebe zu dir selbst in dir zu ruhen.
Das Gefühl von Frieden breitet sich aus.

Trotz der Abgrenzung ist ein reger Austausch mit dem Außen möglich.
Als Mensch, der in einer Gemeinschaft lebt, ist dieser Austausch Nahrung für dich.
Doch nun filterst du über deinen Solarplexus die Nahrung/Information heraus, die für dich bestimmt ist.
Alles andere lässt du wieder zurückfließen und gibst es somit zur Verwendung für andere Menschen der Gemeinschaft frei.
Kurz erinnerst du dich zurück mit der Frage: Wie oft

habe ich Dinge zu mir genommen, die gar nicht für mich bestimmt waren?

Ganz leicht kann dein Energiesystem diese Nahrung aufnehmen und verarbeiten.
Dir erscheint ein inneres Bild, wie alle Menschen nur das für sie Bestimmte aufnehmen und alles andere weitergeben. Und du erkennst, dass die in der Gemeinschaft der Menschheit zirkulierende Energie auf diese Weise optimal verwertet wird. Ein jeder ist ein Gewinn für die Gemeinschaft. In dem Sinne gibt es keine verbrauchte Energie – die Gemeinschaft als solche ist mit ihrer Energiewirtschaft ein Gewinn für den gesamten Kosmos.
Die Tiere leben es vor. Sie nehmen nur Nahrung auf, die sie verwerten können. Im Gegensatz zu dem heutigen, sogenannten modernen Menschen nehmen sie freiwillig niemals Gift auf. Mit Gift sind hier auch Emotionen gemeint. Durch ihr Leben innerhalb der modernen Gemeinschaft Mensch hat allerdings auch ihr Instinkt und demzufolge auch ihr Energiesystem gelitten.

Beziehe in die Energieübung des Filterns auch dein Tier mit ein. Führe euch als Lebensgemeinschaft in die Energie der natürlichen Gesundheit zurück (auch wenn es vielleicht einige Jahre dauern wird.)

Nun sieh dich, die Tiere, die Pflanzen als eine harmonische, optimal funktionierende und zum Wohle aller wirtschaftende Gemeinschaft.

Alles Leben atmet auf.

Wie von selbst befreit sich jetzt dein Energiesystem von belastenden Sorgen.
Leichtigkeit des Seins nimmst du auf, Schwere des Seins gibst du weiter.
Unvorstellbar, doch deine Schwere des Seins bedeutet für ein anderes Lebewesen die Energie der Leichtigkeit des Seins.

So befreit, kommst du langsam zurück.
Wiederhole diese Übung, so oft du möchtest.
Gehe täglich in die Energie der liebevollen Abgrenzung.

Es umarmt dich mit ihrem silbrig-türkis schimmernden Lichtgewand Engel Amai, Engel der Selbstliebe im Türkis.

Ein Beispiel

Majas Gesundheit leidet darunter, dass sie sich noch nicht so gut abzugrenzen vermag. Sie arbeitet als Therapeutin mit Menschen, die schwere Traumata mit sich tragen. Maja nimmt sich die Sorgen ihrer Patienten sehr zu Herzen. So manche Last versucht sie, für sie zu tragen und hat dadurch im Laufe der Jahre ihrer therapeutischen Arbeit sehr viel an Gewicht zugenommen. Darunter leidet sie sehr. In einem Gespräch mit ihrer Freundin Sabine fällt plötzlich ein Schleier der Illusion, und sie kann nun der Realität in die Augen sehen. Maja hatte unbewusst ihrer Mutter die Schuld für die Gewichtszunahme gegeben, indem sie es auf eine erbliche Belastung schob. Diese Schuldzuweisung hatte leider das einst gute Verhältnis zu ihrer Mutter getrübt.

Nun öffnet Sabine sanft und liebevoll Majas Augen. Sie weist sie auf einen möglichen Zusammenhang zwischen ihrer Arbeit und ihrem Gewicht hin. Da erkennt Maja die Wahrheit. Zunächst geht sie mit sich selbst in die Energie der Vergebung als ein Akt der Selbstliebe, der Liebe zu sich selbst mit Licht und Schatten. Sie vergibt sich die unbewusste Schuldzuweisung und bittet über die Ebene des Höheren Selbst auch ihre Mutter um Vergebung. Mit Sabine erarbeitet sie die folgende Energieübung, die sie nun täglich durchführt. Sie fühlt sich bereits jetzt schon viel leichter. Der Anfang ist gemacht, und der physische Körper wird der Energie folgen. Der Weg der Gesundheit ist gebahnt.

Majas tägliche Energieübung:

Maja findet für sich das Abgrenzungssymbol einer gelben Rose. In ihrer Vorstellung ist Maja in dieser Rose. Dort fühlt sie sich geschützt. Die Rose kann sich im Austausch mit der Außenwelt öffnen und schließen.

In Höhe von Majas Solarplexus befindet sich innerhalb der gelben Rose ein Sieb. Dieses Sieb ist der Filter.

Das, was sich in dem Sieb fängt, geht über die Blütenblätter der Rose zurück in die Gemeinschaft. Das, was durch das Sieb fließt, integriert sich leicht verdaulich in Majas Energiesystem und wird dort als Information verdaut, verarbeit und gespeichert, so dass es für Maja nutzbar wird.

Durch diese Übung der Achtsamkeit mit sich selbst wächst Majas Wertschätzung für ihr feines Energiesystem. Sie ist wachsamer für energetische Zusammenhänge geworden und kann deutlich die Parallele zwischen der Aufnahme und der Verdauung von Energie und physischer Nahrung erkennen. Ehrlich gesteht sie sich ein, dass sie ihrem Körper oft die falsche Nahrung gegeben hat. So hängt alles miteinander zusammen. Bevor Maja Nahrung zu sich nimmt, segnet sie diese im Dank an die Schöpfung.

Heute bin ich befreit von all meinen Sorgen!

Was will ich erfahren?

Ich glaube daran, dass wir uns vor jeder neuen Inkarnation entscheiden können, was für Anteile wir in unser irdisches Leben mitnehmen wollen. Diese Anteile machen auch unsere Qualität als Mensch aus. So nehmen wir einiges mit, was wir bereits besonders gut beherrschen, und einiges, was wir in diesem Leben gerne zur Meisterschaft führen wollen.

Ich habe mich entschieden, in diesem Leben sehr viel für andere Menschen zu tun, also zu dienen, und gleichzeitig an der Liebe zu mir selbst, besonders was das Frausein betrifft, zu arbeiten. Also gab es auf meinem Weg ein Elternhaus, das mich zwar physisch ernährte, in dem ich jedoch nicht die emotionale Nahrung bekam, die meine Seele brauchte. Es folgte die Erfahrung von Neurodermitis, von Missbrauch und von Magersucht. Es waren viele Jahre in meinem Leben, in denen ich nicht mehr auf der Erde sein wollte, weil mir die Erfahrungen zu schmerzhaft waren. Wenn ich zurückschaue, dann kann ich sehen und für wahr empfinden, dass es genau diese Erfahrungen waren, die mir als Sprungbrett in mein Leben heute dienten. Die vielen Jahre der „Nicht-Liebe" waren der Nährboden für die tiefe Liebe, die ich heute zu empfinden vermag. So halte ich heute oft inne und frage mich: Was will ich erfahren? Und die Antwort ist immer dieselbe: Liebe. Ich will Liebe erfahren in all ihren Facetten. Ich will die Liebe der geistigen Welt erfahren; ich will die Liebe der Menschen erfahren; ich will die Liebe der Tiere erfahren und; ich will die

Liebe der Natur erfahren. Ich bin eingebunden in ein vollkommenes Netzwerk aus Liebe. Und dieses Gefühl möchte ich jetzt mit dir teilen.

Schließe für einen kleinen Moment deine Augen und frage dich: Was will ich erfahren?
Und dann empfange die Antwort deines Herzens.
Und dann gehe hinaus in den Tag und erfahre es, erfahre das, was du dir so sehnlichst wünscht. Denn es ist alles schon da.
Öffne deine Augen und erkenne: Alles, was ich erfahren will, ist bereits da.

Es folgt jetzt eine Energieübung, die Hilarion uns an einem Meditationsabend mit ihm zu dem Thema: *Was will ich erfahren?* durchgab. Sie berührt das atlantische Wissen über die Heilung mit Farben.

Energieübung mit Hilarion: „Was will ich erfahren?"

Mache die folgenden Übung im Stehen. Es ist eine Übung die auch sehr schön mit einer Gruppe durchgeführt werden kann. Der anschließende Austausch über das Erlebte ist sehr aufschlussreich mit der Frage an jeden Einzelnen: Was hast du erfahren? Welche Farbe hat deine Erfahrung?

Stelle dich bequem hin.
Schließe deine Augen und bitte den Aufgestiegenen Meister Hilarion zu dir.
Wende deinen Blick und dein Gehör nach innen mit der Frage: Was will ich erfahren?
Und dann tritt einen Schritt vor in diese Erfahrung hinein.
Spüre. Wie fühlt es sich an? Gehe ganz in diese Erfahrung hinein.
Welche Farbe hat deine Erfahrung? Gehe ganz in das Farb- und Energieerleben hinein.

Und dann tritt wieder einen Schritt zurück.
Dein Energiesystem hat nun diese Erfahrung gespeichert und du kannst jederzeit wieder in sie eintauchen.

Öffne deine Augen. Spüre deine Füße auf dem Boden, auf dem du stehst. Gut geerdet bist du wieder ganz hier.
Körper, Geist und Seele sind als harmonische Einheit

ganz im Hier und Jetzt, wo du deine Energie zu hundert Prozent nutzen kannst. Du bist wieder ganz im Hier und Jetzt.

Heute lasse ich mich von den Farben meiner Seele berühren.

An unserem Meditationsabend folgte dann die Meditation mit einem Baumfreund. Neben der Farbheilung berührt diese Meditation das atlantische Potenzial der Kommunikation mit Bäumen und Baumdevas sowie eine klare Zielsetzung und Rangordnung der eigenen Ziele. Denn auf der Erde geht es Schritt für Schritt.

Meditation „Baumfreund" mit Hilarion

Begib dich an deinen Meditationsplatz.

Lade den Aufgestiegenen Meister Hilarion ein, dich zu begleiten.

Richte dein Sehen und Hören nach innen, während Hilarion dein drittes Auge aktiviert.

Flute dich nun mit der Farbe deiner Erfahrung. Durch diese Farbe spricht deine Seele zu dir. Öffne dich, um diese Farbe über dein Kronenchakra jetzt aus dem Kosmos aufzunehmen. Es ist die Farbe, die du jetzt für deine Heilung brauchst.

Auf dem Weg durch deinen Körper vom Kopf bis zu den Füßen berührt die Farbe alle wichtigen Hormondrüsen deines Körpers, füllt sie mit Licht und der heilenden Farbenergie. So kann Heilung für deine Hormondrüsen geschehen. Sie dienen freudig dem Licht. Begleite die Farbe auf ihrer Reise durch deinen Körper durch deine bewusste Aufmerksamkeit. Hülle dich vollkommen in die Farbe ein. So wirkt die heilende Farbenergie von innen nach außen und von außen und nach innen.

Nun gehe mit deiner Aufmerksamkeit in dein Herz. Vor deinem inneren Auge visualisiere das Ziel, das du als Nächstes erreichen willst. Und sieh den Weg dorthin. Ist er lang oder eher kurz? Wie weit ist es noch bis zur Erreichung deines Ziels?

Du machst dich auf den Weg. Links am Wege steht dein Baumfreund. Er erwartet dich bereits, denn er will dir Kraftquell sein für deine Reise zu deinem Ziel. Du stellst dich an den Baum, umarmst ihn oder nimmst an seinem Fuße Platz, ganz so, wie du es jetzt brauchst, genauso, wie es jetzt für dich richtig ist.

Ihr begrüßt einander. Vielleicht seid ihr alte Freunde. Vielleicht lernt ihr euch gerade neu kennen und einander vertrauen. Der Baum schenkt dir die Kraft, Ausdauer und Geduld, die du für deinen Weg brauchst. Du genießt, solange du willst, das nährende Miteinander.

Dann ist es Zeit, weiterzugehen, deinem Ziel entgegen.

Du dankst deinem Baum und kehrst mit deiner Aufmerksamkeit wieder in dein Herz zurück. Und in dein Herz nimmst du die Kraft, Ausdauer und Geduld mit, die dir dein Baumfreund geschenkt hat. Du kannst jederzeit wieder mit ihm Kontakt aufnehmen.

Dann kommst du langsam wieder zurück auf die dir vertraute Weise, in deiner eigenen Zeit und im Dank an Hilarion, der heute durch den Baum zu dir gesprochen hat.

☆☆☆

Vielleicht hast du jetzt Lust, in deinen Garten hinauszutreten und deine Bäume zu berühren oder einen Spaziergang im Wald zu machen. Vielleicht ruft dich auch dort ein bestimmter Baum zu sich. Wer weiß. Lass die Kontrolle los, lass es einfach zu, dass die Natur dich wieder berührt und durch sie berührt dich der Aufgestiegene Meister Hilarion mit seinem grünen Strahl der Heilung und Herzenswahrheit. Sei gesegnet.

Du bist reich beschenkt. Sieh die Fülle, die um dich ist. Wie innen, so außen. Wie außen, so innen.

Heute lasse ich mich von der Natur berühren.

Das Innere Kind als Meisterschlüssel zur Heilung

Ich empfehle, in die Arbeit mit dem Inneren Kind und in das tägliche Erleben mit ihm die türkise Flamme einzuladen. Der türkise Strahl des Engels Amai berührt die Emotionen auf einer sehr tiefen Ebene, so dass selbst Kindheitserfahrungen, die lange nicht erinnert werden konnten, wieder ihren Weg ins bewusste Sein finden. So wird es möglich, mit ihnen bewusst zu arbeiten. Auch für Therapeuten, die mit ihren Klienten an der emotionalen Heilung arbeiten, kann der türkise Strahl bzw. die Arbeit mit der türkisen Flamme eine wertvolle Hilfe sein.

Die türkise Flamme erleichtert die Kommunikation mit dem Inneren Kind sowie die Bejahung und das Annehmen auch schmerzlichster Erlebnisse. In der Sanftheit und Liebe des Engels Amai findet das Erwachen in einem geschützten Rahmen statt, den jeder für sich bzw. der Therapeut für die ihm anvertrauten Klienten über das Einladen der türkisen Flamme errichten kann. Amai begleitet die Herz-zu-Herz-Arbeit und öffnet den Raum des tiefen Mitgefühls für das Menschsein für sich selbst und andere.

„Sieh nun, wie du dich gemeinsam mit deinem Inneren Kind in einem türkisen Raum befindest. Dieser Raum ist ausgestattet mit Türkisen, die die Kommunikation verbessern und sie schützen. Auch Larimare befinden sich in diesem Raum, Erinnerung an Atlantis, die in diesen Kristallen gespeichert ist. Und es öffnet sich der Raum für jene Gefühle aus der atlantischen Zeit, die dein Inneres Kind für dich getragen hat. Es ist jetzt der Zeitpunkt gekommen, die Verantwortung auch für diese Gefühle zu übernehmen, denn diese Gefühle stehen in Verbindung mit dem, was du in Atlantis erlebt hast.

Die Tür des türkisen Raumes öffnet sich, und deine atlantischen Helfer treten ein. Sie berühren dich mit ihrem Licht, und ihr Licht öffnet das Zellgedächtnis der Erinnerung an das, was mit dir geschah, als Atlantis unterging. Schmerzhafteste Gefühle der Angst, der Verzweiflung und der Ohnmacht sind noch in deinen Zellen gespeichert und wollen jetzt erinnert werden, damit auch hier endlich Heilung geschieht.

Das türkise Licht strömt jetzt in deine Zellen und öffnet den Raum für die Selbstliebe im Türkis, für die Liebe zu all deinen atlantischen Erfahrungen, und diese hat auch dein Inneres Kind erlebt und getragen. Tritt nun ein in die Kommunikation mit deinem Inneren Kind. Nimm Augen- und Herzenskontakt mit ihm auf. Über den türkisen Strahl seid ihr von Herz zu Herz verbunden. Atlantische Heilungsengel betreten den Raum, und es kann sein, dass du Töne vernimmst, denn diese Heilengel arbeiten mit dem atlantischen Potenzial des Besingens mit Tönen. Diese

Töne erzeugen ein kraftvolles Heilungsfeld. Und nur kurz ziehen die atlantischen Gefühle vorbei, erfahren Heilung durch die Töne und fließen geheilt als lichte Energieschwingung in deine Zellen zurück. Beobachte dein Inneres Kind. Schau in seine Augen und erkenne, wie Heilung geschieht und wie sich diese Spiegel der Seele verändern zu einem Strahlen, das von innen kommt. Heilung geschieht tief in deinem Inneren.

Dann schließe dein Kind in die Arme. Dieses Puzzleteil der Heilung deines Herzens hatte noch gefehlt, um wirklich frei dein Potenzial fließen zu lassen. Denn es war da noch so viel Angst."

☆☆☆

Dieser Text ist gegeben von deinen persönlichen atlantischen Helfern. Öffne dich für ein neues Miteinander, wenn du es wünschst. Deine Helfer stehen bereit und freuen sich unermesslich, von dir erinnert zu werden und mit dir erneut in Kontakt zu treten – nach so langer Zeit der Trennung, die niemals eine Trennung war. Denn die Erinnerung blieb.

Heute erinnere ich mich an mein atlantisches Heilungspotenzial.

Heilungserfahrung mit Hilarion

Ich möchte nun eine Erfahrung mit dir teilen, die ich während der Arbeit mit der türkisen Energie hatte, mit der ich während des gesamten Buchprojektes und bereits einige Monate zuvor ständig verbunden war.

Ich hatte mich an einem Vormittag mit meiner Freundin Marianne zum Yoga verabredet. Gleich zu Beginn der Stunde nahm ich Hilarion als lichte Energiegestalt hinter Marianne wahr. Er begleitete sie seit einigen Tagen auch in ihren Yoga-Gruppen. Interessant für mich war die Energiewahrnehmung seiner Gestalt. Ich fühlte Hilarions Energie, die mir sehr vertraut ist, da er mein Lehrer und Ausbilder, mein geistiger Führer ist. Doch ich nehme ihn ganz anders wahr als es dort, hinter Marianne, an jenem Morgen geschah. Ich sprach mit ihr über meine Wahrnehmung, und Marianne sagte mir, dass sie Hilarion genauso wahrnehmen würde, wie er sich mir dort zeigte. Die Art und Weise, wie sich ein Meister einem Menschen zeigt, hat also etwas mit diesem selbst zu tun.

Das ist interessant, denn ich weiß, dass manche Menschen sich und ihre inneren Bilder, die sie von den Meistern haben, mit anderen vergleichen und enttäuscht sind, wenn diese voneinander abweichen. Es existieren ja auch Bilder von den Aufgestiegenen Meistern und von Engeln, und so unterschiedlich unser individueller Ausdruck ist, so verschieden sind auch diese Bilder. Sie alle sind ein Ausdruck des Einen. Es gibt eben nicht **die** Energiewahrnehmung, die für alle gleich ist. Das wäre auch langweilig, denn wo bliebe dann die Lebendigkeit, jene Belebung, die ja gerade aus der kreativen Ausdrucksweise jedes Einzelnen entsteht. Wir sind alle einzigartig und formieren uns in der Ausrichtung auf den Einen zu einer wunderschönen Kreation hier auf Erden. Mir kommt hier das Bild von Fallschirmspringern.

Eine Gruppe von Fallschirmspringern macht sich auf den Weg, um eine kunstvolle Formation zu bilden. Jeder springt einzeln aus dem Flugzeug, genießt für einige Zeit den freien Fall, um dann den anderen zu begegnen und sich mit ihnen zu einer kreativen Formation zu vereinen. Ein jeder von ihnen bleibt individuell und gibt sich doch in das Ganze hinein. Jeder der Springer nimmt seinen Platz in der Formation ein. Niemand drängelt sich auf den Platz eines anderen. Jeder weiß um seine Position und nimmt diese ein, und nur so kann es funktionieren. Übertragen bedeutet dies: In der Wertschätzung der eigenen Kreativität, in der Liebe zu dem eigenen türkisen Potenzial, der Selbstliebe im Türkis, ist jeder bemüht, seinen Platz in der Gemeinschaft zu finden und diesen einzunehmen. Und das geht nur, wenn ich nicht ständig nach außen schiele und damit aufhöre, die Energiewahrnehmung des anderen zu begehren.

Erinnern wir uns daran, was Amai über die Gier und den Neid gesagt hat. Das geht nur, wenn ich bei mir bleibe und nach außen schaue, um meinen Platz innerhalb der Formation genau ausloten zu können. Dabei kann auch ein reger Austausch mit den anderen sehr hilfreich sein. Doch es ist etwas komplett anderes, ob ich nach außen schaue, um mich zu vergleichen, oder ob ich es tue, um meinen Platz innerhalb der Gemeinschaft zu finden und ihn, so gut ich kann, einzunehmen. Es lohnt sich, darüber nachzudenken.

Heute bin ich ganz bei mir.
Ich wende meinen Blick nach innen.
Ich vertraue mir, liebe und lebe mich.
Als kreativer Ausdruck des Einen bringe ich mich heute in die Gemeinschaft ein.
Ich suche meinen Platz und finde ihn – jetzt.
Ich gebe mein Bestes.
Ich richte mein Wollen und Tun auf den Willen des Einen aus.
In der Liebe zum Ganzen bin ich geborgen.
So sei es.

Zurück zur Yogastunde. Bereits am Morgen hatte ich eine Ahnung, dass heute für mich Heilung geschehen durfte. Jedes Mal, wenn ich für andere schreibe, durchlaufe ich selbst sehr tiefe Heilungsprozesse. Alles will erlebt sein, bevor ich darüber schreiben darf, damit es die nötige Authentizität bekommt. So hat mich das Türkis während des Schreibens sehr berührt, und ich kam an Erinnerungen und Muster heran, die ich ganz tief ins Unbewusste verdrängt hatte. Von dort waren sie jedoch weiterhin wirksam und beeinflussten mein Verhalten in Beziehungen. So weit ich zurückdenken kann, hatte ich immer Angst vor anderen Menschen, und sobald ich in Kontakt mit Menschen war, reagierte mein Körper mit Stress. Nun habe ich im Laufe der Jahre sicherlich schon vieles erfolgreich bearbeitet, doch mit dem Türkis kamen weitere interessante Aspekte zum Vorschein. Und das war gut so, denn nun konnte ich aktiv werden. Vor allem bekam ich wieder das Gefühl, eine Wahl zu haben. Ich konnte mich entscheiden, welche Verhaltensmuster noch Sinn machten, und welche schon längst überholt, aber immer noch aktiv waren.

Ein Verhaltensmuster möchte ich hier gerne beschreiben. Marianne und ich besprachen die Themen, die bei mir gerade aktuell waren und zu denen ich gerne Yoga-Übungen von ihr bekommen wollte.

Als wir über den inneren Zerstörer sprachen, tauchte plötzlich ein Bild auf: Ich sah eine Burg mit einer Festung und einem Burggraben, in dem Piranhas schwammen. Und über diesen Graben ging eine Zugbrücke. Da erkannte ich ein altes Verhaltensmuster. Ich befand mich in meiner Burg und hatte nur über die Zugbrücke Kontakt zur Außenwelt. Wenn in der Beziehung zu meinen Mitmenschen alles glatt lief, dann blieb die Zugbrücke unten. Doch sobald ich mich verletzt fühlte, zog ich die Zugbrücke hoch und verschanzte mich in meiner Burg. Oft blieb demjenigen, der mich verletzt hatte, der Zugang zu meiner Burg von da an verwehrt. Selbst wenn derjenige mich gar nicht mutwillig verletzt hatte oder sich sogar bei mir entschuldigte, blieb ich hart. Und mein „Beziehungspartner" wusste mein abweisendes Verhalten oftmals nicht einzuordnen. Ich konnte knallhart sein und von jetzt auf gleich Beziehungen beenden, ohne noch einmal zurückzuschauen und ohne mit der Person über meine verletzten Gefühle zu sprechen. Dabei fühlte ich mich in meiner Festung gefangen und einsam. Der Kontakt zur Außenwelt war abgeschnitten, weil ich ihn abgeschnitten hatte. Mein Herz wollte zurück in die Gemeinschaft, doch ich ließ dies aus Angst vor erneuten Verletzungen nicht zu.

Ich wollte dieses (selbst-) zerstörerische Muster jetzt aufgeben. Es kostete mich viel zuviel Kraft und Energie. Kaum hatte ich dieses Muster bildlich eingesehen – es flossen auch noch ein paar Tränen – da veränderte sich das Bild. Ich sah, wie ich über die Zugbrücke marschierte und mit meinem Inneren Kind in einem Tragegurt an meiner Brust und mit meinem Hund und meiner Katze die alte Festung verließ. Und damit ließ ich auch die Härte, die Kälte und die Einsamkeit hinter mir zurück. Ich wusste, dass ich niemals mehr zurückkehren würde. Und das fühlte sich soo gut an!

Ich danke Marianne und Hilarion und vor allem Amai für diese wundersame Heilung, die an diesem Tag geschehen durfte, in dem Wissen und tiefen Glauben, dass Gott durch meine Freundin gewirkt hat.

Danke, Gott!

Heute öffne ich mich für die bereichernde Begegnung mit meinen Mitmenschen. Heute bleiben meine Herzenstüren offen.

Meditation: Edelsteinkammer

Begib dich an deinen Meditationsplatz und bringe dich in die Versenkung auf eine Weise, die dir durch deine langjährige Meditationspraxis vertraut ist. Wenn Meditation für dich ein neues Gebiet ist, zentriere dich durch deine Atmung, indem du einige Atemzüge in deine Mitte tust. Alles Übrige übernimmt dein Höheres Selbst, denn es weiß, was jetzt das Beste für dich ist. Du kannst dich ihm beruhigt anvertrauen. Es ist für alles gesorgt. Alles ist beschützt.

Bitte nun dein Höheres Selbst zu dir. Es erscheint heute in einem goldenen Gewand über den goldenen Strahl der Weisheit, denn es möchte dich heute in deine inneren Reiche führen, in deine Schatzkammern aus Atlantis.

Sieh vor deinem inneren Auge nun die Treppe, die dich in diese Schatzkammern führt. An der Treppe oben erwartet dich eine goldene Gestalt. Es ist dein Höheres Selbst, das heute ein goldenes Gewand trägt. Es hat dir den goldenen Strahl der Weisheit mitgebracht. Dieser goldene Strahl erhellt nun die Treppe, und dein Höheres Selbst ermuntert dich, nach unten zu gehen. Begleitet von dem goldenen Strahl der Weisheit traust du dich, die Treppe zu betreten. Schritt für Schritt gehst du die Treppe hinab, wie auf einem goldenen Teppich. Bei jedem Schritt fasst du neuen Mut und Vertrauen. Es ist dir ein bisschen feierlich zumute. Es ist ein großer Moment, jetzt, da du unten angekommen bist und die Hüter der Edelsteinkammer die Türen für dich öffnen. Du dankst ihnen und trittst in die inneren Reiche ein.

Es ist ein Funkeln überall. Überall sind Edelsteine, in allen Facetten, Formen und Farben und allen Größen und Ausführungen. Diamanten sind dort, Topase, Rubine, Larimare und Türkise, Bergkristalle, Mondsteine und alle anderen existierenden Kristallarten. Und auch Kristallarten, die du noch nie zuvor gesehen hast. Es ist ein einziges Funkeln und Leuchten. Es ist ein einziges Strahlen. Es ist dein Strahlen, denn all dies hier ist Spiegel deiner reichen, einzigartigen Innenwelt.

Du lässt dir Zeit zum Staunen und Fühlen. Du lässt dich berühren von diesem Zauber inneren Reichtums, inneren Wissens, inneren Potenzials. Es ist ein feierlicher Moment, in dem du jetzt neues Potenzial integrieren bzw. brachliegendes Wissen reaktivieren kannst. Ganz so, wie du es jetzt willst. Ganz so, wie es für dich jetzt richtig ist. Ganz so, wie es für dich stimmt. Denn es ist niemand anders hier als du – und für dich soll es stimmig sein. Nur so kannst du zu jenem eingestimmten Instrument werden, das seine eigene Melodie erklingen lässt. Denn darum geht es: deine eigene Melodie zu finden, deinen Ausdruck, deine Wahrheit.

Du schließt für einen Moment deine Augen. Du öffnest sie wieder und fühlst dich von einer Kristallgruppe besonders angezogen. Du trittst zu dieser Kristallgruppe, nimmst einen der Kristalle in deine Hände und führst ihn zu deinem Herzen. Du sprichst in Gedanken: "Ich integriere jetzt all das positive Potenzial, das mich an mein Wissen aus Atlantis erinnert und das in diesem Kristall gespeichert ist. Ich will mich jetzt erinnern und Verantwortung für meine eigene Kraft und Stärke übernehmen. Ich bin Schöpferin/Schöpfer in diesem Universum." Du spürst die Vibration der Energieübertragung.

Dann legst du den Kristall wieder zurück – im Dank an ihn.

Du wiederholst diesen Vorgang noch zwei weitere Male. Wieder spürst du, welche Kristallgruppe dich nun ruft. Und wieder führst du das gleiche Ritual durch. Und dann noch einmal mit einer anderen Kristallgruppe.

Nachdem du den dritten Kristall an seinen Platz zurückgelegt hast, verneigst du dich noch einmal im Dank vor allen Kristallen. Und du dankst den Hütern der Edelsteinkammer.

Dann schreitest du langsam auf dem goldenen Strahl die Treppe wieder hinauf. Oben erwartet dich dein Höheres Selbst. Es bestäubt dich mit Goldstaub, Symbol deines inneren und äußeren Reichtums. Der Goldstaub legt sich fein über deine Aura.

Danke deinem Höheren Selbst.

Langsam komme wieder zurück und werde dir wieder der Dimension von Raum und Zeit bewusst. Finde dich wieder in deinem Raum, in deiner Zeit. Spüre nach. Sei achtsam mit dir. Achte auf die Bedürfnisse, die du jetzt hast, und beachte sie. Betrachte für einige Zeit das Symbol einer goldenen, liegenden Acht vor deinem inneren Auge. Erst dann kehre in deinen Alltag zurück.

Mein Wissen und meine Stärke sind unendlich.

Vision einer Gemeinschaft

Ich habe die Vision von einer Gemeinschaft, in der alle Wesen gleichwertig sind und als solche behandelt werden. In dieser Gemeinschaft ist es selbstverständlich, mit den Tieren und Pflanzen zu sprechen und Kinder bereits als Babys als die vollkommenen Wesen zu sehen, die sie sind. In diesem fürsorglichen Miteinander wird alles Menschenmögliche getan, um diesen feinen Wesen einen angenehmen Übergang zu schaffen. Dies kann nur unter Einbeziehung und Anerkennung der geistigen Welt geschehen. Denn von dort werden die Kinder als Geschenk gereicht. Weder Kinder noch Tiere sind ein Besitztum der Menschen, sondern sie sind Geschenke, wertvolle Wesen, die uns den Sinn des Lebens lehren und das Leben lebenswert und reich machen. Sie sind Boten der Liebe. Sie lehren uns die bedingungslose Liebe, indem sie uns diese Liebe Tag für Tag vorleben.

In dieser Gemeinschaft pflegen die Erwachsenen ihre Erinnerung an ihren Ursprung und sind gute Lehrer für die Kinder, indem sie Spiritualität im Alltäglichen leben. So lernen alle voneinander. Es gibt spezielle Kindergruppen, deren Betreuer und Betreuerinnen die Kinder auf dem Herzensweg schulen. Sie schulen das Hören auf die Stimme des Herzens, auf die Intuition, auf die Stimme im Inneren. Hier wird Rücksicht auf die individuellen Bedürfnisse genommen. Ein Kind, das Ruhe braucht, kann sich jederzeit zurückziehen und Pause machen. Ganz von selbst wird dieses Kind sich wieder in die Gemeinschaft einbringen, wenn es sich erholt hat. Genau das gleiche gilt für die Arbeitsbedingungen der Eltern. Auch die Bedürfnisse der Erwachsenen werden berücksichtigt, und ganz von selbst entsteht hier eine Gesellschaft, die gute Leistung bringt. Aus einem freien Willen heraus, nicht aus einem Zwang oder gar Leistungsdruck. In dieser Gemeinschaft ist ein jeder gerne bereit, seine Aufgabe bestmöglich zu vollbringen, denn er erfüllt genau die Funktion, die ihm bestimmt ist. Diese Position hat er sich erworben durch den Mut, dem Herzensweg gefolgt zu sein. Denn die Stimme seines Herzens hat ihn hierher geführt. Der Verstand wird als wertvolles Instrument respektiert und geachtet. Aus dem Gleichgewicht von Verstandes- und Gefühlsbetonung entsteht Fruchtbares.

Da die Menschen ihre Verbindung zu ihrem Ursprung nie vergessen haben, haben sie ein natürliches Gefühl vom richtigen Zeitpunkt. Sie haben ein Gespür für die richtige Nahrung und für die richtigen Rhythmen. Sie leben im Einklang mit der Natur und respektieren Mutter Erde. In dieser Gemeinschaft wird viel gesungen. Man hilft sich gegenseitig. Der göttliche Funken wird in jedem begrüßt. Deshalb muss man sich auch nicht gegen den anderen wehren. Niemand greift an, weder verbal, noch emotional oder geistig. Die Körper der Menschen drücken die Göttlichkeit aus. Jeder weiß um seine Kraft und Stärke, ohne sie beweisen zu müssen. Es ist ein inneres Wissen, das jeder hat, denn jeder ist sich seines göttlichen Ursprungs bewusst.

In dieser Gemeinschaft ist es normal, dass es Medien gibt, die eine Beraterfunktion erfüllen. Es gibt ausschließlich Ärzte, die ganzheitlich arbeiten, das heißt, sie sind außer in der Medizin auch bestens in sämtlichen feinstofflichen Zusammenhängen ausgebildet. Es gibt Familien, die besondere Schätze hüten und bewahren, wie zum Beispiel Kräuter- und Kristallwissen, die Kunst des Handauflegens, die Kunst der Tierkommunikation, usw. Sie geben ihr Wissen gerne weiter. Dabei wird immer die Bereitschaft geprüft, das Wissen aufnehmen zu können. Eine Seele muss reif sein, um Wissen empfangen zu dürfen.

Es gibt Wissens- und Heilungstempel. Es wird mit Kristallen und Farben geheilt und mit vielen anderen guten Methoden. Dabei kooperieren die Heilenden miteinander. Tiere werden in die Heilarbeit miteinbezogen. Die Menschen beherrschen die Kunst der Telepathie. Es gibt Pyramiden, in denen man Kraft tanken kann. Es gibt Orte, die einzig der Visionssuche dienen und die nur einzeln aufgesucht werden dürfen. Das tägliche Gespräch mit Gott ist selbstverständlich und geschieht aus dem Herzen heraus. Für das Gespräch mit Gott braucht das Herz keine Regeln. Doch es gibt auch kraftvolle Gebete, die die Verbindung zum Einen stärken, denn auch in dieser Gemeinschaft gibt es Herausforderungen, und manchmal verliert man seinen Weg. Doch alles ist getragen von einer Grundschwingung des tiefen Vertrauens in die göttliche Führung. Es existiert das Wissen über einen tiefen Sinn des irdischen Lebens. Demut ist die göttliche Kraft, die durch diese Menschen wirkt.

Ich höre auf die Stimme meines Herzens und beschreite mutig den Weg des Herzens.

Gebete an den Einen

Gebet für Stärke

Gott, Einer, ich bitte dich
Erhöre mich.
Ich rufe dich an,
denn ich brauche Stärke.
Mich hat der Mut verlassen.
Mich hat der Glaube verlassen,
dass ich schaffen kann,
was ich mir vorgenommen habe.
Ich bitte dich um die Stärke,
die ich brauche,
um mein Ziel sicher erreichen zu können.
Ich bitte dich Gott, Einer, um die göttliche Kraft
der Stärke,
die mir aus dem tiefen Vertrauen zu dir erwächst.
So sei es.

Amen

Shakanta

Gebet für Zuversicht

Gott, Einer, Geliebter.
Diesen Tag lege ich in deine Hand.
Voller Vertrauen, voller Zuversicht
Schenke ich dir an diesem Tag meinen Dienst,
in tiefer Demut will ich dir dienen.
Ich will auf die Stimme des Herzens hören,
durch die du flüsterst.
Herzgeflüster von dir, Gott, Einer,
ist Lobgesang meiner Seele,
ist Nahrung und Kraftquell für mich.
Mehr brauche ich nicht, um dir zu dienen.
Ich danke dir für die göttliche Kraft der Zuversicht.

Deine..../Dein.....
Amen

Shakanta

Gebet für Glauben

Gott, Einer, Glauben, Vertrauen, Zuversicht,
all das sind nur noch leere Worte für mich.
Ich habe mein Liebstes verloren.
Mein Liebstes hast du mir genommen.
Warum, Gott?
Warum hast du nicht mich sterben lassen?
Warum mein Kind, das noch so jung war?
Es hatte noch sein ganzes Leben vor sich.
Ist es jetzt ein Engel?
Ist es zu Höherem berufen, als ich erkennen konnte?
Bitte, Gott, Einer, nimm von mir mein egoistisches Verlangen,
mein Kind wiederhaben zu wollen.
Ich habe den Glauben an dich verloren.
Doch jetzt bin ich bereit, dir wieder zu vertrauen.
Bitte hilf mir, an einen höheren Sinn zu glauben.
Bitte gib mir etwas, das mir Halt gibt und Trost
in dieser irdischen Welt,
in der ich alleine zurückbleiben musste,
mit meinen Schuldgefühlen, mit meinem Warum.
Ich will dir nicht länger zürnen,
sondern ich will lernen, dir neu zu vertrauen,
in dem Glauben an eine höhere Ordnung,
einen höheren Sinn will ich dir neu vertrauen.

Amen

Shakanta

Gebet für Heilung

*Gott, Einer, nimm auf in den lieben Kreis deiner
Heilengel
Frau/Herrn/das Kind/das Tier/ den Baum/
die Pflanze........
und versorge dieses Wesen mit allem, was es jetzt
braucht.
Ich als Mensch vermag hier nichts zu tun.
Ich vermag nicht zu erkennen, was hier wahre Hilfe ist.
Ich bin an meine Grenzen gekommen.
Ich akzeptiere die Grenzen des Menschseins.
Und so bitte ich dich: wirke du
mit deiner Liebe, mit deiner Gnade und gerechten Hilfe,
die wahre Hilfe ist.
Möge dieses liebe Wesen wieder genesen.
Möge Heilung durch dich geschehen.
Möge göttliche Heilung hier geschehen.
So sei es.*

Amen

Shakanta

Gebet der Vollkommenheit

*Gott, Einer, jetzt erkenne ich an,
dass ich seit meiner Geburt bereits vollkommen bin.
Bitte, befreie mich von alten Mustern des Zwangs und Leistungsdrucks,
unter denen ich heute leide
und die aus meinem Irrglauben geboren wurden,
dass ich unvollkommen bin.
Ich habe jetzt erfahren,
dass ich bereits vollkommen war,
als meine Eltern mir dieses physische Leben schenkten.
Und auch meine Eltern sind bereits seit ihrer Geburt vollkommen.
Bitte verzeih mir, dass ich das erst jetzt erkenne.
Ich war blind für meine Vollkommenheit
und die Vollkommenheit meiner Mitmenschen.
Doch jetzt will ich dich in mir erkennen
und in jedem anderen auch
bist du zu Hause
und wir sind es in dir.
In Liebe*

Deine... /Dein.....

Amen

Shakanta

Gebet für Urvertrauen nach erlebtem Missbrauch

*Gott, Einer, ich habe kein Urvertrauen mehr.
Durch den Missbrauch, der zwischen mir...... (Name),
und ...... (Name) geschah,
habe ich mein Vertrauen in das Leben selbst verloren.
Ich bitte für alle Beteiligten um Vergebung.
Ich weiß, dass alles seinen Sinn hat.
Und wenn ich heute zurückschaue auf meinen Lebensweg,
dann kann ich sehen, dass es geschehen musste.
Ich will mich jetzt selbst lieben.
Ich will lernen, zu unterscheiden,
welche Menschen mir gut tun, und welche nicht.
Ich will lernen, meine Bedürfnisse – mich selbst wahrzunehmen.
Bitte befreie mich aus den Fesseln
der Fremdbestimmung,
die mir durch den Missbrauch angelegt worden sind.
Ich bitte dich, Gott, Einer:
GIB MIR MEIN URVERTRAUEN ZURÜCK!
Denn es ist meine Basis für ein freudvolles Leben
auf Erden.
ICH WILL VERZEIHEN!
Ich weiß, dass mein Herz groß ist.
Mögen sich alle Winkel meines Herzens mit
Liebe und mit Urvertrauen füllen.
Möge ich wieder die vertraute Geborgenheit in dir fühlen.*

*Möge ich gesegnet sein mit der göttlichen Kraft
des Urvertrauens,
denn daraus erwächst mein innerer Frieden.*

*So sei es.
DANKE!*

Amen

Shakanta

Channeling Amai:
Einstimmung in die Energie der wahren Beziehung

„Höre die Wellen des Meeres und verbinde sie mit deinem Atem. Visualisiere das Meer in Türkis. Mit jedem Einatmen nimm das Türkis in dich auf. Es strömt ein über deine Thymusdrüse in der Mitte deines Brustbeins und breitet sich von dort in deine Lungen aus. Von den Lungen steigt das Türkis als dampfartiger Nebel in dein Herz auf. Durch das Türkis erhöht sich die Schwingung deines Herzchakras. Die Energie strebt nach oben, um sich mit deinem Halschakra zu verbinden. Das Grün des Herzens erhält über die Verbindung mit dem Blau des Halschakras zum Türkis neue Impulse der Vereinigung. Worte fließen über deine Lippen. Es sind Worte des Dankes für deine Existenz, die mit dem türkisen Nebel aus den Tiefen deines Herzens aufsteigen, von dort, wo Gottes Liebe wohnt. Ruhe im Zentrum deines Herzens. Das Loslassen geschieht von selbst.

Lass dich berühren von dir selbst, von deiner Liebe zur Existenz, jener Liebe, die du verborgen hieltest wie einen Schatz, weil sie dir zu intensiv erschien, unangemessen in einer Welt, in der wahre Beziehung immer mehr verkümmerte. Mit wahrer Beziehung meine ich, sich wirklich ineinander einzufühlen, sich von Herz zu Herz zu begegnen und sich tief zu berühren.

Nun nehme ich, Amai, Engel der Selbstliebe im Türkis, dir gegenüber Platz – und ich berühre dein Herz ...

Pause ... und du berührst mein Herz – trau dich.

Ich möchte dich öffnen oder wieder erinnern an den Mut, den du in deinem Herzen trägst, den Mut zu einer wahren Begegnung mit einem anderen Wesen. Tausche dich aus, still, ohne Worte – von Herz zu Herz, und ein türkiser Strom fließt von deinem zu meinem Herzen und von meinem zu deinem Herzen. Ein wahrer Strom wahrer Gefühle.

Pause.

Dann komm langsam zurück. Lass die Übung in dir nachwirken. Wenn du möchtest, begleite ich dich noch ein wenig, nehme Einstellungen in deinem Energiesystem vor, um dich für das geschützte Übungsfeld wahrer Begegnung im Alltag vorzubereiten und einzustimmen."

Fragen und Antworten

Im Folgenden habe ich einige Fragen und Antworten zusammengestellt. Zum einen betreffen sie die praktische Arbeit mit der türkisen atlantischen Energie. Zum anderen habe ich zusätzlich auch solche mit aufgenommen, die mir in meiner täglichen Arbeit mit den geistigen Energien immer wieder begegnen und von denen ich glaube, dass du daraus Nutzen ziehen könntest.

Ich habe ein feines Nervenkostüm und neige daher zu Reizüberflutung, leider auch dann, wenn ich mit den positiven geistigen Energien arbeite. Was kann ich tun, um hier stabiler zu werden?

Antwort aus dem goldenen Strahl:
Zunächst einmal segne dein Nervensystem. Es ist ein feines, sensibles Reizleitungssystem und transportiert die elektrischen Impulse. Es ist bemüht, ständig sein Bestes zu geben. Nervensystem und Hormonsystem arbeiten eng zusammen. Die Hormondrüsen wiederum stehen mit den Chakren in Verbindung.
Um dein Nervensystem zu schützen, bitte um das goldene Licht aus dem Kosmos. Visualisiere, wie es in dein Kronenchakra einfließt und alle deine Nerven schützend ummantelt. Dann fülle auch deinen Solarplexus mit dem goldenen Licht. Führe diese Schutzübung täglich durch.

Je mehr ich mich dem Licht öffne, umso stärker habe ich das Gefühl, dass ich von der dunklen Seite bedroht und angegriffen werde. Wie kann ich mich schützen?

Amai:

Auch wenn du mit der türkisen, atlantischen Energie arbeitest, kann es sein, dass das Dunkle mit auf den Plan rückt. Wo Licht ist, ist auch Schatten. In der Ausrichtung auf den Einen, auf die Kraft Gottes in dir, wächst dein Vertrauen, im großen Ganzen beschützt zu sein. Wenn du dich bedroht fühlst, dann rufe Erzengel Michael zum Schutz für dich und deine Lieben und für deine Tiere und für dein Haus und Garten. Visualisiere alles kraftvoll im Licht. Das ist der beste Schutz, um dich deinem türkisen Potenzial, das du aus Atlantis nun in dein Leben holst, beruhigt öffnen zu können.

Erzengel Michael:

Löse deine Angst vor dem Dunklen, vor dem Unreinen auf. Rufe hier deine geistigen Freunde zur Hilfe, die dich durch Inkarnationen begleiten. Sie kennen alle deine Ängste, und vor allem kennen sie deren karmischen Ursprung. Bekräftige deinen Dienst für das Licht im göttlichen Plan.

Angst öffnet dem Dunklen die Tür und Vertrauen schließt die Tür. So wirst du immer auf Vertrauen geprüft.

Gehe weiter im Vertrauen auf Gott und sei wachsam. Rufe rechtzeitig Hilfe an. Du wirst beschützt alle Herausforderungen meistern. So sei es

Kann es in der Arbeit mit der türkisen Flamme und dem türkisen Strahl aus Atlantis zu einer Reinigung kommen?

Amai:

Türkis berührt dich tief in deinen Emotionen. Diese Emotionen sind in deinem Gewebe gespeichert. Verschleimungen der Lungen lösen sich durch die fleißige Anwendung des türkisen Strahls, denn diese Verschleimungen sind zähe Emotionen, die nun aus ihrem Schattendasein befreit werden. Reinigung tritt vor allem im Bereich der Nasennebenhöhlen, des Kopfes, der Zähne, des Zahnfleisches und der Kiefer auf. So auch im Bereich von Herz und Lungen und Thymusdrüse. Das Immunsystem erhält durch Türkis eine Auffrischung.

Visualisierung der Reinigung:

Bitte um den türkisen Strahl. Lass ihn durch dein Kronenchakra eintreten und lenke ihn in dein Thymuschakra, jenes Chakra, das auf der Körpermitte zwischen dem Herzchakra und dem Halschakra liegt. Hier ist der Wirkungsort der türkisen Flamme, hier setzt auch mein türkiser Strahl an, denn diese Bahn muss befreit werden, damit Herz und Verstand wieder in eine harmonische Kommunikation miteinander finden. Hier unterstützt der türkise Strahl alle Arten von Kommunikation, sei es mit Menschen, mit Pflanzen, mit Tieren oder feinstofflichen Wesen. Durch die Befreiung dieser Bahn von alten Belastungen kommt es zu einer Reinigung des gesamten Bereichs. Auch die Herzinnenwände werden gereinigt, die Drüsen werden angeregt und an ihren Lichtdienst erinnert. Fleißig harmonisieren sie ihre Funktion. Visualisiere, wie der türkise Strahl in all diesen Bereichen wirkt, und lass die türkise Flamme durch diese Bereiche wirbeln. In jeden kleinsten Winkel reicht das türkise Licht und bringt ans Tageslicht, was dort im Dunkeln verborgen gewirkt hat. So befreit dich Türkis von selbstzerstörerischen Tendenzen, denn es unterstützt dich kräftig in der Liebe zu dir selbst, zu deinem Selbstausdruck der Liebe in dieser Inkarnation, die vielleicht deine letzte ist. Bringe diese befreite Liebe kraftvoll in dein tägliches Tun ein. Gib jeden Tag dein Bestes, in dem Vertrauen, dass Gott dein Licht sieht, auch wenn es die Menschen nicht sehen können. Gib jeden Tag dein Allerbestes und in der Verbindung mit dem Einen, die über meinen türkisen Strahl gestärkt wird, wird dein Bemühen Früchte tragen – in seiner Zeit, in der Zeit des Einen, denn nach seinem Plan geschieht es. So sei es.

Wie kann ich diese Reinigung unterstützen?

Halte Kontakt zu deinem Inneren. Achte auf deine Bedürfnisse. Dein Körper kennt die Antwort.

Wenn ich mit der geistigen Welt arbeite, werde ich immer wieder auf mich zurückgeworfen. Viele Antworten, die ich bekomme, sind mir zu vage. Ich hätte gerne einen festen Fahrplan für mein Leben, denn dann könnte nichts mehr schief gehen, dann würde ich keine Fehler mehr machen und Umwege vermeiden. Oftmals verstehe ich die Hilfe der geistigen Welt nicht. Ich finde das verwirrend.

Hilarion:
Die Arbeit mit den Aufgestiegenen Meistern und den sie ergänzenden Energien setzt einen eigenverantwortlichen Umgang mit Allem-Was-Ist voraus. Prüfe darum dein Bestreben, dich in Abhängigkeiten zu begeben, und kläre diese Muster. Unsere Arbeit unterstützt Abhängigkeit nicht. Wenn du also einen genauen Fahrplan brauchst, dann werden wir ihn dir nicht geben, denn den Fahrplan für dein Leben bestimmst du selbst. Niemals kannst du den Weg nach innen umschiffen, wenn du auf dem richtigen Kurs bleiben willst. Und das wollen manche, das entnehme ich auch deiner Frage. Der Weg führt einzig und allein über dich selbst nach Hause. Gib also deine Macht nicht an andere ab, sondern stelle sie in den Dienst der Liebe zu dir selbst und damit zu Gott, von dem du ein Teil bist.

Von den Lichtschülern wird erwartet, dass sie fleißig Innenschau betreiben und derer niemals müde werden. Es wird ein hoher Arbeitseinsatz verlangt, und dieser wird von außen weder gesehen noch honoriert, sondern er gehört einfach dazu. Du kannst jederzeit aussteigen, wenn dir die

Arbeit mit uns nicht gefällt. Denn dein Wille ist immer frei, solange du dich nicht selbst in Abhängigkeit begibst. Und selbst wenn du das tust, dann geschieht dieses nach deiner freien Wahl.

Wie kann ich freudvolle Disziplin im Alltag leben?

Serapis Bey:
Hier will ich dir gerne Lichtlehrer sein.

Zunächst einmal müssen wir in deinem Energiesystem den Begriff der Disziplin klären, denn kollektiv ist dieser Begriff nicht mit Freude besetzt. Der Ausdruck „freudvolle Disziplin" gefällt mir. Vielleicht magst du ihn immer wieder einmal verwenden, wenn du mit Menschen über Disziplin und Ausdauer sprichst, damit die Verbindung von Disziplin und Freude von vielen gestärkt wird.

Lenke nun den weißen Strahl in deine Zellen. Finde dort, im Licht des weißen Strahls, eine Schublade, auf der das Wort „Disziplin" steht. In dieser Schublade befinden sich alle von dir erinnerten Verbindungen zu dem Wort Disziplin. Nun lenke den Strahl hinein und reinige die Schublade. Du kannst dir auch vorstellen, dass kleine Zettel mit geschriebenen Worten in ihr liegen. Lies die Worte durch und sortiere aus. Visualisiere nun die weiße Flamme und gib alles Aussortierte in die Flamme der Reinheit und Klarheit hinein. Die Zettel kommen leer wieder aus ihr hervor, und du kannst sie nun neu beschreiben und in die Schublade legen.

Auf einen dieser Zettel schreibe: „Freude" und auf die anderen Zettel all das, was du von jetzt an mit Disziplin in Verbindung bringen willst und leben möchtest.

Am Ende bedanke dich bei dem weißen Strahl und der Aufstiegsflamme. Schließe die Schublade und komme mit deiner Aufmerksamkeit wieder zurück.

Du hast nun dein Unterbewusstsein geklärt und mit neuen Informationen versorgt. Du kannst so mit allen anderen Begriffen auch verfahren. Das ist Klärungsarbeit auf höchster Ebene, denn du leistest hier einen großen Dienst für das Kollektiv. Vielleicht möchtest du Gruppen anbieten, in denen ihr euch diesen Lichtdienst erarbeitet. So will ich gerne euer Lichtlehrer sein. Es gibt viel zu tun. Leben wir also gemeinsam die freudvolle Disziplin im Alltag, denn Lichtdienst soll immer Freude bereiten, dir selbst, uns und anderen. Mögest du immer im Licht beschützt sein und in klarer Ausrichtung auf das Licht und den Aufstieg voranschreiten. Immer habe das große Ganze im Auge und überprüfe deine Position und auch, ob die Art und Weise, wie du deinen Lichtdienst tust, noch stimmt. Wenn nicht, dann stimme dich neu ein. Verändere dein Aufgabenfeld. Es soll immer anregend bleiben.

Ich begegne Menschen, die das Dunkle „weghaben" wollen. Mein Ansatz ist es jedoch, alles anzunehmen, was ist, und wenn ich einer „verlorenen Seele" begegne oder ein dunkles Wesen wahrnehme, Liebe und Licht zu schicken und für dieses Wesen zu beten. Warum muss ich mich überhaupt schützen, wenn alles Liebe ist?

Hilarion:

Gewisse Projekte wollen bewusst von der dunklen Seite gestört werden, wie auch dieses Buch zum Beispiel. Es gibt immer noch dunkle Machenschaften – sicherlich eine Erinnerung an atlantische Zeiten. Das Ende von Atlantis ist ja bekannt. Wer das Dunkle schürt, wer dem Dunklen Macht verleiht, liebe Lichtfreundin, lieber Lichtfreund, das sind die Menschen selbst. Sie haben längst nicht alle diese edlen Vorsätze, so wie du sie in deiner Frage formulierst. Deshalb ist es wichtig, sich zu schützen.

Viele sind mit einem Lichtauftrag unterwegs und die Vernetzung schreitet voran. Das hat sehr große Auswirkungen auf die Menschheit. Viele müssen sich dann zu ihren Lügen und dunklen Machenschaften bekennen, denn je mehr sich das Licht ausdehnt, desto sichtbarer wird ihr Spiel. Also besteht großes Interesse, diese Vernetzung des Lichts zu stören. Aber die dunklen Machenschaften funktionieren nur so lange, wie Menschen sich bereit erklären, weiterhin in Abhängigkeit leben zu wollen. Bewusste Lichtarbeiter lassen sich das nicht mehr gefallen. So stellen sie eine Bedrohung dar, die möglichst ausgeschaltet werden muss. Deshalb übrigens auch die Verleugnung der lichten Kräfte. Also spüre genau, wann Schutz notwendig ist. Fahre fort mit deinen Gebeten, sie sind wertvoller Lichtdienst, sie werden alle erhört.

In Liebe Hilarion, gerne bereit, dich auf deinem Lichtweg zu unterstützen, wenn es darum geht, Mut zu deiner Wahrheit zu zeigen und diese lichte Wahrheit zu leben.

Wie entstehen die Gebete in deinen Büchern, Ines?

Jedes Gebet wird geboren. Den Gebeten gehen häufig wertvolle Begegnungen voraus, eigenes Erleben und nächtliche Schulungen. Wenn die Zeit reif ist, fließen dann die Worte aus der göttlichen Quelle. Gerade für die Gebete bin ich sehr dankbar, denn ich konnte schon oft selbst ihre befreiende Wirkung spüren. Ich betrachte sie als ein Geschenk Gottes.

Dann sind sie eigentlich gar nicht von dir?

Das ist richtig. Sie kommen von Gott, und ich bin das Medium, durch das sie gegeben werden. Du kannst es selbst einmal ausprobieren. Verbinde dich mit der göttlichen Quelle und wenn die Worte kommen, dann lass sie einfach fließen. Die beste Hilfe bekommen wir oftmals durch das, was „durch uns geboren wird". Schreibe die Worte auf. Lass sie auf dich und durch dich wirken. Hab

Vertrauen! Das ist erst einmal nur für dich und wenn mehr daraus wird, dann ist das wunderbar. Doch in erster Linie geht es um dich, um deine eigene Heilung. Das ist Selbstliebe. Wenn dir Ängste begegnen, dann empfehle ich dir die Transformationsarbeit mit der violetten Flamme (vergleiche mein erstes Buch: St. Germain – Die violette Flamme der Transformation). Das kreative Potenzial und seine Entfaltung können durch die türkise Flamme hilfreich unterstützt werden. Immer wieder führt der Weg nach innen, und so können auch deine Worte ein wichtiger Wegweiser für dich sein. Für dich – und vielleicht auch für andere. Ich nutze die Gebete, Texte und Übungen, die durch mich kommen, sowohl für mich als auch für die Einzel- und Gruppenarbeit mit meinen Patienten und Kursteilnehmern.

Ich fühle mich oft einsam und möchte gerne mehr Menschen treffen, die auch auf dem Lichtweg sind. Kann mir die türkise Flamme dabei helfen?

Hilarion:
Die türkise Flamme führt dich tief in die Beschäftigung mit deinen eigenen Gefühlen. Je tiefer du in die Klärungsarbeit mit dir selbst gehst, umso freier wird die Herzensbahn für nährende, bereichernde Kontakte. Auch von der geistigen Welt wird die Vernetzung unterstützt, so dass sich bald mehr und mehr Menschen zusammenfinden werden, um in Gruppen miteinander zu arbeiten oder sich einfach nur auszutauschen. Doch die Einsamkeit bleibt für

viele Lichtarbeiter ein Begleiter, und es ist gut so, dass es immer wieder Zeiten der Sehnsucht „nach Hause" gibt, denn darüber wächst auch die Erinnerung – und noch mehr Licht, noch mehr „Himmlisches" kann integriert werden. Durch die türkise Flamme, die jetzt über die Erde ihre Kreise ziehen wird, entsteht gleichzeitig das Gefühl einer Verbundenheit und Zusammengehörigkeit, wie sie noch nie da gewesen ist. So weicht die Einsamkeit immer öfter dem Gefühl von „Ich bin mit allem verbunden".

Die türkise Flamme stärkt auch deinen kreativen Selbstausdruck und den Wunsch, dieses Potenzial in die Gemeinschaft einzubringen. Wenn der Wunsch größer ist als die Angst, dann geht die Tür auf.

Kann die türkise Flamme mir helfen, in einen tieferen Austausch mit meinem Partner zu finden?

Amai:

Die türkise Flamme ist für jede Beziehung eine große Bereicherung. Sie führt in eine weichere Form der Kommunikation, so wie die Kommunikation in Atlantis als edelstes Instrument gepflegt wurde. In Atlantis setzten wir die Worte achtsam ein, behutsam spürend, was sie in dem anderen auslösten. Ehrlichkeit und Wahrheit wurden gepflegt, und es wurde nur kommuniziert, was im Herzen als wahr empfunden wurde. Die Emotionen waren immer beteiligt – eine Kopfkommunikation kannten wir in der Blütezeit nicht. Zum Glück. Gott sei Dank. Die türkise Flamme *führt dich in jeder Beziehung in den Herz-zu-Herz-Kontakt, und wenn du dich darin übst, diese Form der Kommunikation zu pflegen, dann wirst du spüren, wie harmonisch Kommunikation sein kann – auch zwischen Mann und Frau. Ihr könnt viel voneinander lernen, und die türkise Flamme und das Innere Kind sind wahre Meisterschlüssel auf dem Wege zur Heilung deiner Beziehungen.*

Doch alles braucht Zeit. Nun wird die türkise Flamme erinnert und ausprobiert. In nächster Zeit wird mehr über diese Flamme geschrieben werden, aber das Wichtigste ist: Probiere es aus und sammele deine eigenen Erfahrungen.

Die Schätze im Türkis

- Herz-zu-Herz-Kommunikation
- Klare Kommunikation
- Nähe zu den eigenen Bedürfnissen und der Mut, die eigenen Bedürfnisse anzumelden
- Stärkung der Selbstliebe, vor allem der Liebe zu seinen eigenen Gefühlen und seinem kreativen Potenzial
- Entfaltung des kreativen Potenzials
- Kreativer Selbstausdruck zum eigenen Wohl und zum Wohle der Gemeinschaft
- Rückerinnerung und Integration atlantischen Potenzials
- Stärkung des Gemeinschaftssinns
- Der Austausch mit anderen als bereichernde Erfahrung
- Weichere Kommunikation in Beziehungen
- Leichtere Verständigung
- Förderung der Kommunikation zwischen den unterschiedlichen Seinsebenen (zum Beispiel mit feinstofflichen Wesen des Naturreichs)
- Näherer Kontakt mit der Herzenswahrheit und Herzensweisheit
- Klarer Kontakt zur inneren Weisheit
- Das Hören auf die Innere Stimme als weiser Ratgeber
- Tierkommunikation

- Emotionale Tiefe
- Abbau der Angst vor den eigenen Gefühlen.
- Wenn Angst vor den eigenen Gefühlen vorhanden ist, dann kann über den türkisen Strahl von Amai der Raum des Vertrauens sanft geöffnet werden (auch im therapeutischen Bereich)
- Das Geschenk bereichernder Begegnung
- Befreiung der Herz-Kopf-Bahn
- Stärkung des Immunsystems über die Einwirkung der türkisen Flamme und des türkisen Strahls im Bereich der Thymusdrüse (Thymuschakra)
- Reinigung (besonders der Bereiche Hals-, Thymus- und Herzchakra und der mit diesen Chakren in Verbindung stehenden Körperbereiche und Hormondrüsen)
- Unterstützung der Heilung im Zahn-/Kieferbereich, auch zur Begleitung der zahnärztlichen Behandlung sowie zur Linderung der Symptomatik des Zähneknirschens (in den Zähnen sind sehr viele Emotionen – auch aus Vorleben - gespeichert)

  In einem Channeling sprach Amai die Ähnlichkeit der zahnärztlichen Instrumente mit den Manipulationsinstrumenten der atlantischen Zeit an. Sie sagte auch, dass jede Zahnbehandlung Narben in der Aura hinterlassen würde, die mit Hilfe der türkisen Flamme wieder entfernt werden können.
- Unterstützung der Lösung aus Abhängigkeit und Fremdbestimmung

- Leichtere Abgrenzung
- „Ich bin in der Gruppe, bringe mich ein und bleibe dennoch bei mir."
- Nähe zu sich selbst und zu den eigenen Gefühlen
- Vernetzung
- Wertschätzung der technologischen Kommunikationsmöglichkeiten und Medien
- Unterstützung von Gruppenarbeit
- Wenn ich im Kontakt mit mir bin, erreiche ich mein Gegenüber im Herzen
- Einfühlungsvermögen und Mitgefühl
- Tieferes Verstehen füreinander
- Stärkung des Gottvertrauens
- Stärkung des Glaubens und Vertrauens in die göttliche Kraft in sich selbst
- Vertrauen und Hingabe in den Fluss des eigenen Lebens
- Anhebung der Herzensenergie
- Stärkung der Verbindung zum eigenen atlantischen Helferteam
- Achtung und Wertschätzung der Seele
- Stärkung des Gefühls vom richtigen Zeitpunkt
- Aus der Verbindung mit der göttlichen Quelle und mit wachsendem Vertrauen in die göttliche Führung fällt es leichter, geduldig die Erfüllung abzuwarten und die Zeit, die die Seele für ihre Heilung und Entwicklung benötigt, zu respektieren und zu gewähren.

Die türkise Flamme kann jede Form von Kommunikation beleben, nicht nur im privaten Bereich, sondern – und das ist mir ein besonderes Anliegen – auch im Geschäftsleben. Durch das türkise Licht wird Lüge sichtbar und Wahrheit kommuniziert. Auch zu einer Verbesserung des Teamgeists empfehle ich die Anwendung der türkisen Flamme, denn mir sind einige Beispiele bekannt, in denen Menschen die Lust an der Arbeit verloren haben, weil Kollegen nicht teamwillig waren.

Vielleicht führt die türkise Flamme uns wieder in die Fähigkeit hinein, mit dem Herzen zu sehen, denn nur mit den Augen des Herzens können wir das erkennen, was uns alle miteinander verbindet: Es ist die Liebe. Es ist die Botschaft des kleinen Prinzen aus dem Märchen von Antoine de Saint-Exupéry: „Man sieht nur mit dem Herzen gut. Das Wesentliche ist für die Augen unsichtbar."

Diese Botschaft wurde schon viel zitiert, doch wird sie auch gelebt? Wenn wir uns nur jeden Tag daran erinnern, dann wird jeder Tag ein reicher Tag sein. Platz für Mangel ist da nicht mehr. Jeder Tag wird ein Tag der Fülle sein.

Ich weiß, das diese Liste der Schätze im Türkis noch lange nicht vollständig ist, denn die türkise Flamme wird jetzt erinnert, wiederbelebt und erfahren. Und es sind deine Erfahrungen, die die kollektive Schatzkammer füllen und das Leben in der Gemeinschaft bereichern werden, denn wir nehmen alle an deinen Erfahrungen teil. Du siehst also, wie wertvoll du bist und wie wertvoll es ist, dass du dein Leben lebst.

.... es gibt noch mehr Schätze zu entdecken

.... viel Spaß bei der atlantischen Schatzsuche!

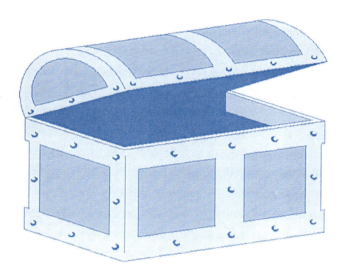

In der Verbindung mit der Quelle des Einen

*In der Verbindung mit der Quelle des Einen
wachsen mir Flügel.
In der Verbindung mit der Quelle des Einen
wachsen meine Wurzeln, über die ich mich mit der
nährenden Kraft der geliebten Mutter Erde verbinde.
In der Verbindung mit der göttlichen Quelle überwinde ich die Trennung und finde in das Bewusstsein,
dass Leben und Tod, Geburt und Sterben eins sind.
In meinem Herzen strahlt das Christuslicht,
Symbol für die Verbindung mit dem Einen.
Als Funke des Einen bin ich zur Erde gekommen,
um dem Licht zu dienen.
Und als Funke des Einen werde ich,
wenn die Zeit gekommen ist,
wieder in sein Himmelreich zurückkehren,
als Funke des Einen, dessen Teil ICH BIN.
Und ich will mich, wo ich jetzt bin, mit meinem
Funken zeigen, damit die anderen mich finden können,
denn ich gebe gerne von meinem Funken ab, der umso
stärker glüht, desto mehr ich ihn verströme und mit
dir teile.
Es ist die Flamme in meinem Herzen,
ist sie rot, ist sie blau, ist sie türkis oder weiß, ist
sie violett, magenta oder rubinrot-gold?
Mein Feuer brennt für dich, Einer, der du mir das
Christuslicht mitgegeben hast, damit ich es dienend
einsetze*

*hier auf Erden, wo so viel Liebe gebraucht wird.
Ich stelle dieses Licht von jetzt an nicht mehr unter
den Scheffel, denn dieses Licht will strahlen. Zum
Strahlen wurde es geboren, wurde ich geboren.
Meine Flamme ist still, und still wirkt ihre Kraft
in meinem Dienst zum Einen.*

In meiner Liebe zum Einen

Shakanta

Möge diese Buch dazu beitragen, dass das Licht in dir sich auf Erden vereine mit dem Licht aller Gott dienenden Wesen, – und dass du aus der Verbindung zum Einen die Kraft schöpfst für all dein Tun. Möge dieses Buch Nahrung für deine Seele sein.

In Liebe

Ines Witte-Henriksen
Shakanta

Über die Autorin

Ines Witte-Henriksen, Jahrgang 1966, ist seit 1995 als Heilpraktikerin tätig. Sie lebt mit ihrem Mann in der Nähe von Flensburg, in einem Öko-Holzhaus. Ines ist ausgebildete Kinesiologin, Aura-Soma-Beraterin und Reiki-Lehrerin.

Mit Neurodermitis geboren, suchte sie bereits mit sechzehn Jahren nach alternativen Heilungsmethoden. Damals entstand auch ihr Wunsch, der Seele des Menschen auf der Erdenreise zu helfen.

„Wenn die Seele sich wohlfühlt, dann folgt der Körper nach. So kann Heilung auf einer tieferen Ebene geschehen."

Früh entdeckte sie die Bach-Blüten-Therapie, die sie heute in ihre Arbeit integriert, ebenso wie die Biochemie nach Dr. Schüssler.

Ständig auf der Suche nach neuen Heilungsimpulsen, die das Leben von Allergikern/Neurodermitikern lebenswerter machen, ist sie glücklich, in dem Instrument der Violetten Flamme auch für diese Patienten ein Handwerkszeug gefunden zu haben, das bei konsequenter Anwendung die Heilung enorm fördern kann. Dass die Violette Flamme mit nahezu allen anderen alternativen Heilmethoden kombiniert werden kann, macht diese zu einem universalen Instrument.

Ines arbeitet als Medium für die Aufgestiegenen Meister. Mit ihnen bietet sie sowohl Einzelsitzungen als auch Seminare zu den Themen „St. Germain – Arbeit mit der Violetten Flamme" und „Hilarion – der grüne Strahl" an. Weitere Seminare sind in Vorbereitung.

Informationen erhalten Sie bei:
Ines Witte-Henriksen
Norderweg 12
24980 Meyn
www.ines-witte-henriksen.de
InesShakanta@aol.com

(Bitte einen ausreichend frankierten DIN A5 Umschlag beifügen.)

Ines Witte-Henriksen
St. Germain –
Die Violette Flamme der Transformation
144 Seiten, broschiert, ISBN 3-934254-58-6

St. Germain führt uns in die Arbeit mit der Violetten Flamme ein, damit wir dieses kraftvolle Instrument der Transformation für uns und andere im Alltag nutzen können. Hilarion vermittelt Wissen über die grüne Heilflamme. Seine Heilmeditationen im grünen Strahl bestärken uns darin, uns für die eigene Wahrheit zu öffnen und unseren inneren Bildern und Wahrnehmungen zu vertrauen. Das Innere Kind erfährt Heilung durch das Mitgefühl der Aufgestiegenen Meisterin Kwan Yin und die bedingungs-lose Liebe der Delfine. Die Hilfe der Aufgestiegenen Meister wird durch dieses Buch für jeden praktisch erfahrbar.

Ines Witte-Henriksen
Hilarion – Flamme der Wahrheit
168 Seiten, broschiert, ISBN 3-934254-95-0

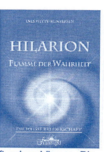

Ines Witte-Henriksen, deren Geistführer Hilarion ist, berichtet über den grünen Strahl von Hilarion, auf dem auch Erzengel Raphael dient und der die Bereiche *Wahrheit, Konzentration* und *Heilung* berührt. Und so geht es hier vorwiegend um Heilung nach dem Motto: Heiler, heile dich selbst! Die Kraft der Konzentration von Hilarion führt uns nach innen, wo wir unserer eigenen Kraft und Stärke, aber auch unserem eigenen Licht- und Schattenreich begegnen, damit wir uns aus der Opferrolle befreien und ganz in die eigene Schöpferkraft gehen können. Die goldenen Engel der Weisheit unterstützen die Heilkraft des grünen Strahls, indem sie dem Menschen immer wieder Impulse geben, der eigenen Weisheit zu vertrauen und der inneren Stimme zu glauben. Die Autorin macht Mut, der eigenen Wahrheit zu begegnen und diese im Alltag zu leben.

Antan Minatti
Kiria Deva und Elyah
Der Lebensschlüssel – Kristallwissen aus Atlantis
216 Seiten, A 5, broschiert, ISBN 3-938489-05-7

Kiria Deva, eine Kristallwesenheit aus Atlantis, und Elyah, eine Sternenwesenheit von Kassiopeia, führen uns weiter in das komplexe und holistische Programm des Atlantischen Schlüssels ein, das in „Kristallwissen, der Schlüssel von Atlantis" begonnen wurde. Der Lebensschlüssel, sechs Bergkristalle und ein roter Turmalin mit einer vielfältigen Programmierung, befreit alle lebensverneinenden Aspekte aus unserem System und erlaubt uns so einen tiefen Zugriff auf alle Ebenen unseres Seins. Das gibt uns die Chance, auf dem Weg aus der Dichte der Dritten in die Fünfte Dimension unsere Gesamtheit und unser Eines Heiles Sein immer umfassender zu erfahren.

Patrizia Pfister
Das Regenbogenzeitalter
Die Menschheit erwacht
488 Seiten, gebunden, ISBN 3-934254-94-2

Dieses Buch enthält eine Fülle brandneuer Informationen für das 21. Jahrhundert, die die Autorin durch die Vertreter und Lenker der 12 göttlichen Strahlen erhielt - ebenso wie von Erzengel Michael, Metatron, KRYON u.a. zu den Vorgängen, die sich mit dem Begriff „Aufstieg" zusam-menfassen lassen. Dazu gehören hochinteressante Durchsagen zu den fünf neuen Chakren und viele praktische Übungen und Anleitungen, wie sich der Lichtkörperprozess aktiv unterstützen lässt: Meditation, um den eigenen Seelenname oder den Strahl, auf dem man inkarniert ist, zu erfahren; Körperübungen zur Harmonisierung der Chakren; Neue Mantren und Symbole; Auflösung von Karma und alten Mustern aus früheren Leben; Vorstellung einer neuen Form der Ernährung, die auf die Chakren wirkt und die spirituelle Entwicklung beschleunigt, u.v.m. Das Regenbogenzeitalter ist ein Zeitalter der Farben und der Veränderung, das hier erstmalig detailliert beschrieben wird.

Claire Avalon
Die zwölf göttlichen Strahlen und die Priester aus Atlantis
384 Seiten, geb., ISBN 3-934254-12-8

Dieses umfangreiche, ausschließlich gechannelte Werk enthält hochinteressante Informationen über das Wirken der zwölf göttlichen Strahlen und macht uns mit dem neuen und doch alten Basiswissen aus Atlantis vertraut, das uns bisher nicht zur Verfügung stand. Wir lernen 84 atlantische Priester und Priesterinnen kennen, die von EL MORYA vorgestellt werden und dann selbst zu ihren speziellen Aufgaben sprechen. Ein wichtiges Buch, das auch viele Therapeuten, Heilpraktiker und Helfer der Menschheit erreichen möchte.

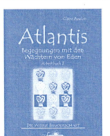

Claire Avalon
Atlantis
Begegnungen mit den Wächtern von Eden
Arbeitsbuch 1 - 3
280 Seiten, geb., ISBN 3-934254-73-X (Buch 1)
296 Seiten, geb., ISBN 3-934254-87-X (Buch 2)
320 Seiten, geb., ISBN 3-938489-15-4 (Buch 3)

Diese Arbeitsbücher sind die praktische Umsetzung von „Die zwölf göttlichen Strahlen", in denen je 3 Strahlen behandelt werden. Einfühlsame Texte und tief-gehende Meditationen der einzelnen Priester führen uns zurück nach Atlantis, wo wir frühere Aufgaben, Talente oder Tätigkeiten anschauen und die Erkenntnisse in den Alltag mitnehmen können. Die Priester richten sich ebenfalls liebevoll und in einer für sie verständlichen Sprache an Kinder ab etwa 10 Jahren, die hier Hilfe für sich und ihre Probleme finden, was diese Bücher so besonders machen. Eine wunderbare Hilfe für spirituell aufgeschlossene Eltern, Erzieher und Lehrer.

Stella Maris
Mit den Aufgestiegenen Meistern durchs Jahr

Immerwährender Wandkalender
14 Seiten, Format ca. 45 x 38 cm, vierfarbig,
ISBN 3-938489-14-6
Mit Energiebildern von Margit Steiner
Auslieferung: Juni 2006

Ein wunderschöner immerwährender Kalender mit Energiebildern der Aufgestiegenen Meister in Anordnung der Zwölf Göttlichen Strahlen.
Die einzelnen Lenker (El Morya, Lady Nada, Sanandà, Hilarion u.a.) führen und begleiten uns mit ihren Worten Monat für Monat durch das Jahr.

Stella Maris
Die Aufgestiegenen Meister

80 Seiten, A 6, gebunden, vierfarbig,
mit Lesebändchen
ISBN 3-938489-12-X
Mit Energiebildern von Margit Steiner

Die Aufgestiegenen Meister auf einen Blick!
Mit Worten, Zuordnungen, Inkarnationen, gechannelten Texten der Lenker der Zwölf Göttlichen Strahlen sowie wunderschönen Farb-Energiebildern.

Stella Maris
Worte der Aufgestiegenen Meister

52 Karten, vierfarbig, mit Begleitbüchlein
Format 9 x 6 cm, ISBN 3-934254-13-6

Endlich wieder lieferbar!
In völlig neuer Aufmachung und mit überarbeiteten Texten.